親子でつくる
健康習慣

「本番力」で受験に勝つ

水野雅浩
健康マネジメントスクール代表

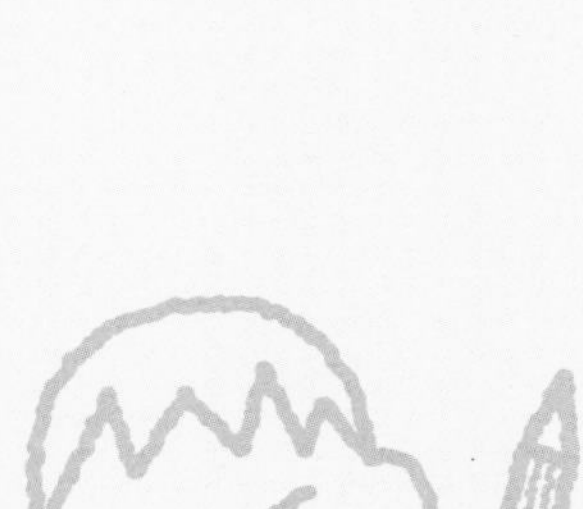

学事出版

目次

2章
子どもの頭を良くする「食事力」

3章

記憶と体調に直結「睡眠力」

はじめに
～令和の受験システムに必要なのは「本番力」だ！～

新型コロナウイルス感染症をきっかけとして、私たちの生活スタイルはガラリと変わりました。

マスク、消毒用アルコール、体温チェック。ほんの数年前には、考えられない世界になりました。そして、この生活の変化は、当然、受験にも当てはまります。煩わしいと思ってもマスクは必須。試験会場に入る前にはアルコール消毒。そして微熱、鼻水、咳やくしゃみといった少々の体調不良があるだけでも、試験会場に入れません。

受験を野球にたとえると、**体調を崩すとバッターボックスに立てないというよりも、球場にさえ入れない**のです。

本書では、受験生が本番で１００％の実力を発揮できる力を「本番力」と名付け、その構成要素を、**本番力＝気力×学力×健康力**としました。

「学力」は、学校や塾の先生方の専門領域として本書では触れていません。

「健康力」を食事・睡眠・運動と3つに分けて説明しています。健康は幅広い分野ですが、本書は受験を経験した保護者、全国の塾の講師陣、医療関係者に取材とアドバイスをいただきながら、**科学的＋体系的＋実践的**の3点で絞り込みました。

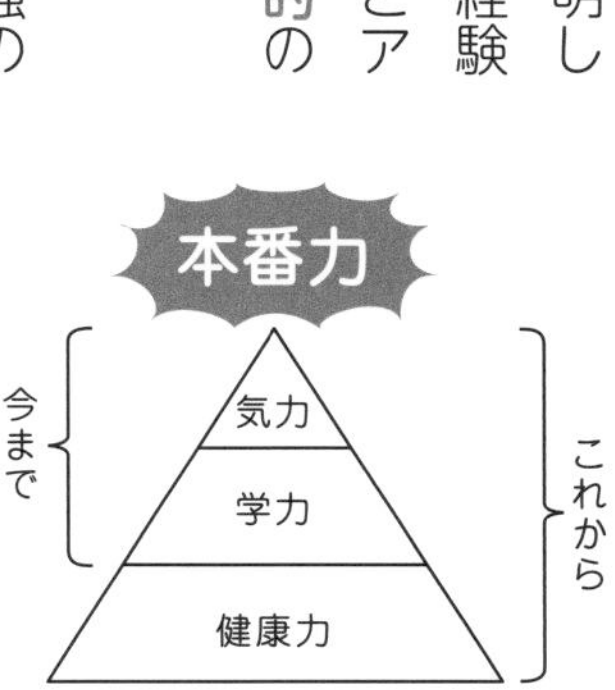

私は現在、企業・行政・海外の大学で、仕事や勉強の成果を上げるという視点で、ビジネスパーソンをはじめ、受験生を持つ保護者にも健康マネジメントの授業を行っています。

受験生の話を聞いていて、気になるのはその生活スタイルです。睡眠時間が極端に短い。朝ごはんを食べない。食べても菓子パンなど。日中は集中力が低く、授業が頭に入らない。塾に行く前はエナジードリンク。

また、親御さんから聞こえてくるのは「今だけは、子どもの睡眠時間を削ってでも勉強させ、何が何でも、合格させたい」という意気込みです。

親世代は、**健康よりも「仕事（勉強）」**という意識が、いまだ体にしみこんでいます。これでは健康の土台が地盤沈下するだけでなく、受験本番に力を発揮することはできません。

健康を犠牲にしながら気力と学力で受験を乗り切る時代は終わりました。勉強は学校や塾に丸投げする時代も終わりました。

これからは、家庭内で「健康力」という土台を高く安定させ、効率的な勉強をし、やる気を充実させ、本番力を発揮させる時代に変わったのです。

私は、小学6年生から中学2年生まで父の仕事の関係でイタリアに住んでいました。そして、中学3年生になった4月に帰国し、地元の中学校に入りました。イタリアでは日本人学校に通っていたものの、日本の受験戦争の勉強レベルには到底ついていけません。

私はたちまち体調とメンタルを壊してしまいました。胃潰瘍になって固形物が食べられなくなりました。夜は眠れなくなりました。体重はみるみる減り、休み時間は保健室で横になってすごす状態。成績は思うように伸びず、何をやってもうまくいかない。心理学でいうところの「学習性無力感」。「自分は何をしてもだめなんだ」という感情がこびりついてしまったのです。思えば人生で一番つらい時期だったような気がします。

気持ちばかり焦る日々が続きました。

しかし、その時の救いだったのが、両親が寄り添ってくれ、食事、睡眠、運動といった生活習慣を一つひとつ整えてくれたことでした。生活リズムを取り戻すことで、足元から消え入りそうだった感覚が、少しずつ、自分の足で歩くことができているという感覚に変わっていき、最終的には、第一志望だった某都立高校に合格できました。この経験が本書執筆の原点になっています。

30年以上たった今では、同じような状況に陥っても、自分を客観的に見ることで、生活リズムを立て直すことができます。しかし、「受験」という渦の中にいた当時の自分には、自分で生活リズムを立て直す余裕はありませんでした。

受験生は、生活習慣の軌道修正を自分ですることは難しい。だからこそ、親が子どもの健康面でのSOSに気づき、生活リズムを整える伴走者になってほしいのです。

学力を伸ばすのが教師の役割とするならば、
健康力を上げるのは親の役割です。

「本番力」があがると、日々の勉強だけでなく、中間・期末テスト、模擬テスト、受験本番など、「ここぞ」という時に、100%の実力を発揮できるようになります。そして、**これからの時代、健康力が高いことは、社会人になってもチャンスをつかみ、夢を叶える前提条件になります。**

読み進めると、あなたが「なんとなく良いだろう」と思ってすでに実践している内容もあると思います。それらは、科学的な根拠を知ることで、さらに自信を持って継続できることになるはずです。中には、思わぬ点が抜けていて、健康力をアップグレードするきっかけになるかもしれません。

ぜひ本書でお子様の本番力を高め、ご家族全員の健康の土台を高く安定させるきっかけにしてください。

健康マネジメントスクール代表　水野雅浩

1章

令和時代の受験は「本番力」だ！

時代の影響を受ける受験生たちに必要なもの

2021年度（2021年4月入学者対象）入試を控える高校3年生200名へのインターネットリサーチ「受験生への新型コロナウイルスの影響に関する調査」で、衝撃的なことが分かりました。

それは

● 新型コロナの影響により、**受験に不安がある受験生は9割以上**（93・5％）

● 既に、**受験勉強に支障**が出ていると感じている受験生は約8割（78・0％）

● 新型コロナの影響により、受験方法の見直しを検討していると回答した受験生は約3割（28・5％）うち約**半数が志望校のレベルを下げると回答**

● 各学校の対応の違いによって**受験への不公平さを感じる**と回答した受験生は7割以上（73・5％）

● 休校期間の長さや授業のすすむスピードが変わってしまうということだけでなく、オンライン授業や学習用端末貸与の有無等、**自宅学習に対する支援の**

差に不公平を感じる傾向
などなど。（ODKソリューションズ調べ）

時代の波は常に平坦ではありません。過去には、バブル崩壊があり、就職氷河期があり、産業構造の転換があり、常にベストな状態で何かをなし得た人というのは少ないかもしれません。**とはいえ、2020～21年、受験生たちが被った時代の波は特大級でした。**

令和の時代を生きる子どもたちの時代は、VUCAの時代と言われています。Volatility（変動性・不安定さ）、Uncertainty（不確実性・不確定さ）、Complexity（複雑性）、Ambiguity（曖昧性・不明確さ）という4つのキーワードの頭文字から取った言葉です。もともとは軍事用語として使われていましたが、新型コロナ時代の生活スタイルにも当たり前に使われるようになりました。ひとつの国の判断が地球全体に及ぶ、一波が万波を引き起こす、先が読みづらい時代となりました。

受験日が、突然延期することも、ワクチンが行き届かない中での実施も十分に考えられます。

こんな状況下で外的状況に振り回されず、メンタルの主導権を保ち続けるには、「自分がコントロールできること」と「できないこと」を分け、「自分がコントロールできること」に集中することがポイントです。

とはいえ、受験生である子どもたちは、目の前の勉強に必死です。模試の結果や、同級生の点数を見ても、一喜一憂してしまいます。受験シーズンは、気分の乱高下がつきものなのです。この時期に、よくないのは**保護者のメンタルも一緒に揺れ動き、振り回されてしまうことです。**遊園地のお化け屋敷で横に一緒にいる人がキャーと叫び声を上げると、それを聞いて、一緒にいる人達も、不安が煽られます。**不安や恐怖は伝染するのです。**

では、揺れ動く激動の時代に、気持ちが落ち着かない受験生を持つ保護者には、何が求められるのでしょうか。

1 保護者は、家庭では「常に」落ち着いていること

外も嵐、船内も嵐、の状態が受験生にとっては、最悪です。パニックは伝染し増幅します。受験生にとってはいいことは一つもありません。外は嵐であっても、家の中は、安心安全で落ち着いていられる大型客船の船内のようにしておきましょう。そのためには、親は役者になることも大切です。保護者は、嘘でも「落ち着いている親」を演じることです。

2　保護者は、子どもの食事・睡眠・運動といった生活習慣のリズムを作ること

体の健康の土台が、高く安定していれば、メンタルで崩れたときも、土俵際で立て直すことができます。最悪なのが、メンタルも体調も両方、崩れてしまうことです。メンタルと健康がダブルパンチになると、立て直すのに必要以上に時間がかかります。近代看護教育の母、フローレンス・ナイチンゲールは、『Notes on hospitals（病院おぼえ書き）』の一文目に、**「病院の第一の必要条件は、病人に害を与えないことである」**と記しています。

受験生は、病人ではありません。しかし、あえて、「病院≒家庭」「病人≒受験

生」と置き換えてみてはいかがでしょうか。精神面、肉体面でマイナスの状態にならない、安心安全な場所。それが家。子どもが余計なストレスを感じないだけでも、受験生には大きなプラスです。

私のセミナーを熱心に何度も受講しに来てくれた受験生を持つ保護者がいます。受講理由を尋ねたところ、その方はこう答えられたのです。

「受験に受かるか受からないか、それは結果なのでわかりません。ただ、受からない確率を家の環境や生活習慣のせいで下げたくないのです」

時代の影響を強く受ける受験生たちこそ、落ち着いた家庭内環境、リズムが整った生活習慣が必要なのです。

なぜ、本番力は生活習慣が9割なのか

中央大学に**「司法試験は、生活習慣が9割」**という言葉があります。

私が中央大学法学部に入学して驚いたことは、司法試験に合格するため1年生

からギアをトップに入れ、アクセルベタ踏みで猛勉強する学生たちの姿でした。

司法試験は数ある国家試験の中でも、最難関試験の一つと言われています。大学の合格率で言えば、東京大学が頭一つ抜けて1位。次いで、慶應義塾大学、中央大学、早稲田大学が続きます。

司法試験に合格する人数が多いことは、大学の求心力にもつながるため、教授陣も非常に気合が入っているわけです。

その教授たちが、学生たちに対して勉強を急き立てていたかと言えば、そうではありませんでした。大学1年生の時に聞いた、今でも強烈に記憶に残っている、ある教授の言葉があります。

「司法試験は勉強だけして合格できるような、甘い試験ではない。本当に合格したいのであれば、毎日が本番当日だと思って、毎日、決まった時間に寝て、決まった時間に起きること。試験で力を発揮するには、生活習慣が9割。最終的には、よく寝て、よく食べ、よく動くやつには敵わないのだ」

司法試験は、一般的には6～8年の勉強が必要です。中央大学の教授陣は、この気が遠くなるようなハードな世界に学生たちを送り出す上で、**勉強を最上とするのではなく、生活リズムを整える重要さを1年生の頃から叩き込んでいたのです。この背景には、途中で体調を崩して勉強を継続できなくなった学生や、本番で実力を発揮できなかった教え子たちの無念さを大勢見てきたのでしょう。**

どれだけ、気力や勉強を養ってきても、健康状態が地盤沈下している状態では、絶対に結果を出すことができない。どんなにやる気があっても、勉強を頑張ってきても、そこにゼロが掛け合わされると、結果はゼロになってしまうことを示唆した言葉だったのです。

「生活習慣が9割」と言い切る教授がいるから、最難関の司法試験の合格率が高いのか、と納得したことを覚えています。

「はじめに」で、本書では、「本番力＝気力×学力×健康力」と定義しました。実際、脳は、体が不健康だとではその力を存分に発揮することはできません。

脳は、人体が必要とする酸素の25％を使用する大食漢の器官です。フル回転で稼働する工場が煙突から排煙をだすように、脳も老廃物を排出します。脳の老廃物を洗い流すには、十分な睡眠と、血流を上げる運動が必要不可欠です。さらに、活性酸素という毒素から脳を守るには、抗酸化作用のある成分を食事からたっぷりと摂る必要があります。

つまり、食事、睡眠、運動といった健康習慣は、体だけではなく、脳のコンディションを保つことに直結しているのです。

世界最大の投資家の一人、ウォーレン・バフェットは次のような言葉を残しています。

「あなたが車を一台持っていて、一生その車にしか乗れないとしよう。当然あなたはその車を大切に扱うだろう。必要以上にオイルを交換したり、慎重な運転を心がけたりするはずだ。ここで考えてほしいのは、あなたが一生に一つの心と一つの体しか持てないということだ。

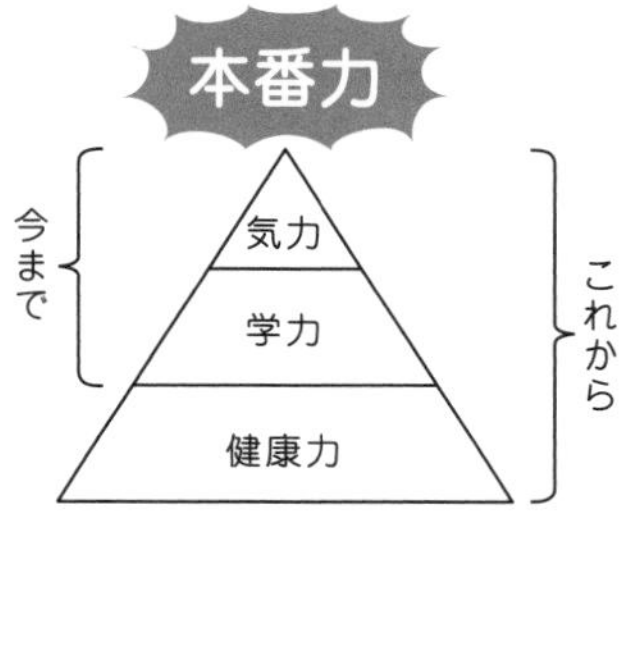

常に心身を鍛練しなさい。決して心身の手入れを怠らないようにしなさい。じっくり時間をかければ、あなたは自らの心を強化することができる。人間の主要資産が自分自身だとすれば、必要なのは心身の維持と強化だ」

とはいえ、子どもは目の前のレースを走り抜けることに精一杯で、健康メンテナンスまで考えられません。子どもの健康メンテナンスを考えられるのは保護者です。

保護者が、子どもの生活習慣をマネジメントするのです。

勉強ができる子どもの家庭は、お母さん（お父さん）が戦略的

「肝は、お母さんなんですよ！」

中学3年生と高校3年生の息子さんを育てている、兵庫県の学習塾の塾長・西本さんに「成績と生活リズム」というテーマで取材した際に言われた言葉です。

長年、多くの生徒を見てきた中で、痛感していることがあると言います。塾でどれだけ勉強を指導しても、どうにもならない分野。それが、家庭内の生活リズム。**生徒と面談し、やる気を引き出したとしても、家庭での生活リズムが乱れていたら、子どもたちはモチベーションが上がらず集中力も続かないのです。**

親が、遅い時間まで起きてドラマを見ている。スマホをいじっている。ポテトチップスなどを食べて太っている／痩せている。朝ごはんを用意しない。顔が疲れている。

このような家庭環境で、親から「スマホばかり見てないで、勉強しなさい！」と言われても、説得力がなく、子どもも素直に聞けない。その場では、しぶしぶ言うことを聞いたとしても、心の中では、「自分はどうなんだよ」という小さな不満がくすぶる。

結果、子どもは、親に隠れて遅い時間までスマホをいじっている、寝不足になる、朝ごはんを食べない、体力がないから集中も続かない、勉強についていけない、取り返そうと塾に行く。しかし、家に帰ると、家族が夜遅くまで起きていて、それにつられて自分も遅くなり、朝はギリギリまで寝ている。

それを見て、朝から親が口うるさくなる。子どもはイライラしたまま学校に行く。学校では眠気が入り混じったまま授業を受ける……。負のスパイラルです。

この状態で、「本番力を高めるために、健康習慣を始めよう」といっても、まず、聞いてくれません。

西本さんは、崩れた生活リズムを上手に立て直したご家庭を見ていると、ある共通点があるといいます。

それは、お母さんが「戦略的」に家族の生活リズムを整えているという点です。「早く寝なさい」と、言葉で人を動かそうとしても、それはまず、無理。

そこで、3つの戦略を実行しているそうです。

Step1　夕食の時間を30分早める

食は、生活リズムに与える影響が大きいので、いつもよりも30分「意図的に」夕食の時間を早めます。食事の時間が早くなると入浴の時間も必然的に早くなります。入浴の時間が早くなるとリラックスして眠気が早く訪れるようになるので寝る時間も早くなるのです。さらに、胃の中に食事が溜まっていないため、深い睡眠が取れるようになります。好循環のサイクルを作るきっかけになるのです。

Step2　親がまず、早く寝て早く起きる

お母さんはドラマを見ているし、お父さんはリビングで仕事をしている。家族が起きていると、子どもも「まだ起きていていいのかな。なら、私も……」となってしまいます。人間には、ミラーニューロンというものがあり、周りの状況を自己投影していく性質があります。周囲が寝静まっていると、自然と子どもも早く寝るようになるのです。

Step3　親が、朝ごはんを食べる

夫婦が毎日、朝ごはんを食べる。習慣がない子どもだと、はじめは食べないかもしれません。しかし、そこは焦らなくても大丈夫。朝にご飯を食べる環境があれば、夕食の時間が早まって朝はお腹が空いているので、次第に食べるようになります。

「早寝・早起き・朝ごはん」

3つのリズムを整えることが、ポジティブな連鎖を生み出す第一歩。

● 朝、太陽と一緒に自然に起きるので、イライラやボーッとした状態がなくなる。
● 昼、スッキリ覚醒していて、勉強にも集中できるようになる。
● 夜、自然と眠くなるというリズムができ上がる。
● 家族のコミュニケーションが円滑になる。
● 家族全体が明るくなる。
● 信頼関係が醸造されていく。

このプラスの循環が回り始めると、成績もぐんぐん上がっていきます。逆に言うと、**家庭の生活リズムが整っていない状態で、親が学校や塾の指導者に勉強の成績を上げるように要請するのは、そもそも無理な話なのです。**

本書の執筆に当たり、中学・高校の先生や元校長先生、大手の塾の先生方にお話をうかがいました。**先生方が口を揃えて言うのが、「家庭内の生活リズム」「家族の仲が良いこと」が、「勉強へのインパクトが一番大きい」でした。**

ぜひ、「子どもの成績に一番影響を与えるのは、お母さん（お父さん）なんだ」という視点で家庭の様子を見直してみてください。

先手必勝！ 人は、食べたものでできている

受験生たちの顔に緊張感が漂い始めるのは、いつ頃からでしょうか。

塾の先生方の話を聞くと、「夏を制するものは、受験を制する」というキャッチコピーどおり夏期講習のあたりから受験生の顔つきが変わるといいます。

受験から6カ月前というのは、メンタルだけでなく、それを支えるフィジカルを整える期間でもあります。そして、この6カ月という日数は体調を整えていく上で一つの目安になるのです。

私たちの細胞は、常に新陳代謝を繰り返していますが、ここではざっくりと、「人間は、半年前に食べたものでできている」と考えましょう。

新陳代謝とは、細胞のリニューアルのこと。

体を大きな機械、細胞を精密な部品と考えると分かりやすいかもしれません。どんな機械でも、安定した性能維持のため定期的な部品交換は欠かせません。

F1レースで、スピードを維持するために、頻繁にピットに入り、消耗が激しいタイヤやネジなどをどんどん入れ替えていくのと同じことです。

一つひとつの細胞には有効期限があり、古くなった細胞を新しい細胞に交換することが必要なのです。ここで課題となるのが、では、「何を材料に」細胞をリニューアルさせていくのかということ。

細胞の新陳代謝は、サイクルが速い腸は数日ですが、血液は4カ月、骨は5カ月かかります。菓子パンやカップラーメンで細胞を生まれ変わらせていくのか、それとも、バランスのとれた食事で細胞を生まれ変わらせていくのか。

できるだけ早く**「食の選択」を見直す**ことが、子どもの健康維持、体力づくりに大きくかかわります。それが試験当日に大きな差となって現れるのです。試合に臨むアスリートのように、受験本番に子どもがどのような体調でありたいのかを逆算しながら食事を選んでいく、戦略的な取り組みが必要なのです。

アメリカの臨床心理学者アン・ウィルソンシェフは次のように述べています。

「健康は私たちが買えるものではない。しかし、とても価値のある預金口座になり得る」

試験本番には、大変なプレッシャーがのしかかります。その時、子どもの健康という預金口座に、親からの愛情たっぷりの「健康貯金」が入っていたらこれほど心強いものはありません。

「子どもは体力があるから大丈夫」という考えは、即、捨ててください。親からもらった健康という資産を切り崩していては、子どもであろうとも、あっという間に使い果たしてしまいます。そうではなく、健康という資産に、さらに健康投資をすることで、健康という土台を高く安定させていくのです。

1日でも早く取り組んで下さい。

痩せすぎ、肥満は、学力が低下する!?

「体型と学力なんて関係あるの？」と思ったかもしれません。

ハーバード大学の研究によると、痩せた体型、肥満体型のどちらも、学力を押し下げることが分かっています。**特に肥満体型では、通常体型の人に比べて試験の回答率が15％低く、肥満度が高いほど、記憶力が曖昧になっていくそうです。**

ＷＨＯで定めた肥満判定の国際基準に、ＢＭＩ（Body Mass Index）というものがあります。健康診断などで聞いたことがあるかもしれません。

日本でのＢＭＩの理想値は男性が22・0、女性が21・0。

これらの数値に近いほど、「統計的に病気にかかりにくい体型」と疫学調査で判明しています。そして、標準体重は医学上、「生命を維持するために最も適切である体重、健康的に生活するために最適とされる体重」と定義されています。

つまり、勉強する上でも、点数をあげる上でも最も成果を出しやすい状態といえるのです。

特に気をつけなくてはならないのが、過度な肥満体型。

肥満を示すBMI25・0を超えると、糖尿病、脳卒中、心臓病、高脂血症、高血圧などにかかりやすいとされています。つまり、血管にまつわるリスクが増えていきます。脳に新鮮な血液を運び、脳の老廃物を速やかに回収するためには、血管が健康な状態であることは、大前提なのです。

糖尿病、脳卒中、高脂血症、高血圧などはメタボオヤジが心配するものであって、子どもたちには関係ないと思うかもしれません。

しかし、現代の子どもたちが置かれている環境は、思いのほか深刻です。

塾の行き帰りに立ち寄るコンビニエンスストアでは、糖質がたっぷり含まれた清涼飲料水、スナック菓子、カップラーメンなどが手軽に手に入ります。こうした食材にたっぷり含まれている糖質や脂質は、体の中で中性脂肪に変わり、悪玉コレステロールの値を上げます。血管の中はドロドロになります。

脳のパフォーマンス（認知機能）を決めるのは血流量。その血液の量、質が低下しては、勉強効率が下がるのは目に見えています。

体重が増えている、ということは「エネルギーの摂取量が消費量を上回っている」ということ。このサイクルに入ると、肥満一直線です。

体がゆるむと、気持ちまでゆるみます。

体重に関しては、学校や塾では、指導をしてくれません。家庭での生活習慣、特に食習慣を整えていくことが必要なのです。

では、理想の体重は、どのように算出すればよいのでしょうか。

現時点のBMIを算出するには、「体重（kg）÷身長（m）÷身長（m）」の式で計算できます。

私の場合は64kg÷1・7m÷1・7mなので、BMI22・1です。

逆に、「理想の体重」を割り出す式は、「BMI22×身長（m）×身長（m）」となります。さっそく計算してみてください。

次に、現時点の体重と、理想の体重を引いて、差分を出してください。

それをさらに6カ月で割ってみると、1カ月あたりに減らす、あるいは増やす必要のある体重が見えてきます。

これなら意外と達成できそうだな、と思ったのではないでしょうか。

育ち盛りの子どもたち、特にスポーツをしている子どもたちは、筋肉量も増えていきます。厳密に、ＢＭＩ22にぴったりにする必要はありません。ただ、ＢＭＩ25を超えると、明らかにマイナスです。

もし、現時点で、ＢＭＩ値が高かったり、少なかったりしても、大丈夫。第2章で紹介する内容を実践すれば、適正体重に戻っていくことをお約束します。

サミュエル・スマイルズの『自助

ローレル指数

指標	判定
100 未満	やせ
100～115 未満	やせぎみ
115～145 未満	正常
145～160 未満	肥満ぎみ
160 以上	肥満

※小・中学生の場合はローレル指数を参考にしましょう。ローレル指数＝体重（kg）÷身長（m）3×10

論』には次のような一節があります。

『人生における成功は、一般に考えられている以上に、肉体的な健康に支えられている。～中略～どんな職業であれ、働き続けるには肉体の健康が欠かせないのだ』

脳の健康は、体の健康です。
体の健康は、脳の健康です。

受験期は、成長期と重なる繊細な時期

私が、受験生の体の健康についてこだわる理由はもう一つあります。**人間の体は15歳までにつくられるからです。**スキャモンの発育曲線をご存知でしょうか。

特に、10歳までは体の土台が形成されていくためゴールデンエイジと呼ばれています。さらに、10歳以降は、リンパ系や生殖型などが形成されていくため大人

の体づくりに大切なステージです。そして、その成長ステージで体の形成に欠かせないのが食事なのです。

20歳の頃、私は1年間大学を休学して、アメリカの小・中・高校で日本文化を紹介するボランティアをしながら、全米を旅行したことがありました。

当時は、1995年。

マクドナルド、バーガーキング、タコベルなどのファストフードが全米を覆い、どこでも子どもたちの行列ができていました。ファストフードは手軽な上、糖質や脂質、塩分がたっぷり入っているので、味覚をガツンと刺激します。満足度も高いため、中毒性があります。ファストフードを好んで食べていた結果、アメリカの子どもたちは一気に肥満になり、中高年が心配するようなメタボリック症候群、高血圧、糖尿病などになってし

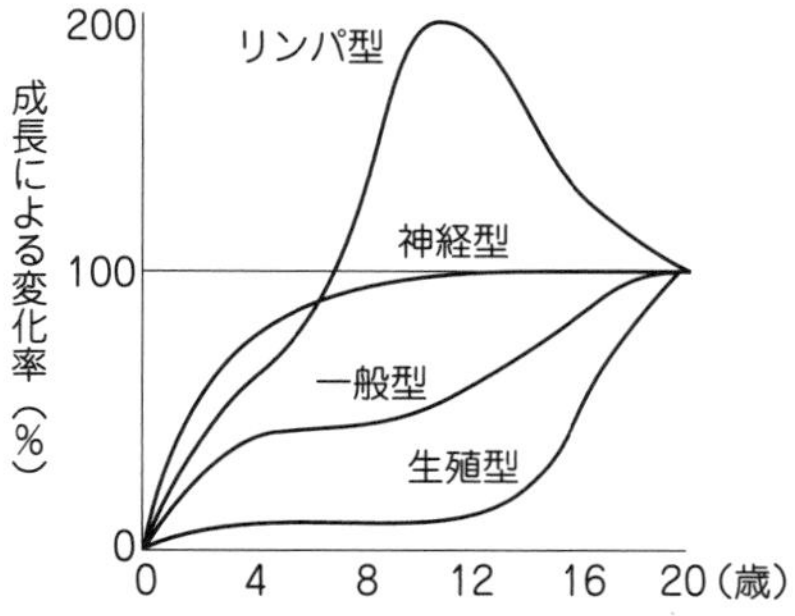

スキャモンの発育曲線

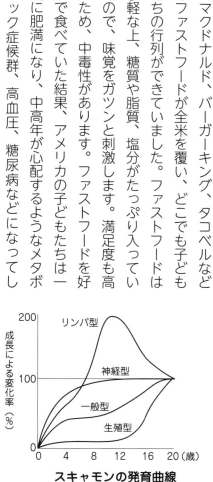

まったのです。

脳年齢を調査している英国のヘリオット・ワット大学が**「体に良い食事は、脳の健康にも良い」「健康的な食事は、脳のパフォーマンスを引き上げる」**という報告をしています。この視点からすると、当時のアメリカの子どもたちの、脳へのダメージも相当なものだったでしょう。

この旅行中、私はアメリカの各学校の先生に紹介してもらいながら、北はシアトル、南はメンフィス、東はニューヨーク、西はサンフランシスコ、様々な学校を見て回りました。当時の生徒たちは、ひどく太っていて、授業中も集中力がなく、先生たちも非常に苦労している様子でした。

さて、今では日本の子どもたちも、ファストフードを代表とするスナック菓子、コンビニスイーツ、カップラーメンなど、手軽・安価・刺激的の三拍子がそろった食材に囲まれています。もちろん、友人たちとワイワイ食べるファストフードは、生活の楽しみの一つではあるので、ゼロにする必要はありません。しかし、発育曲線が急上昇するステージでは、好ましくないのも事実です。

3食×365日と考えると、1年間で1095回。子どもには1年間で109

5回、食事を通じて、体を作るチャンスがあると考えてください。

受験生には、**1年間で1095回、本番力を高めるチャンスがある**のです。

とはいえ、食事の準備の大変さはよく分かります。

受験生を持つ保護者に取材すると、共働きのため、朝ごはんや晩ごはんの準備が難しいという状況が伝わってきます。痛いほどよく分かります。しかし、「あの時、もっと親として何かできたのではないか」と後悔するのだけは、絶対に避けたいもの。受験生同様、保護者も踏ん張りどころです。

健康は、全てではないかもしれません。

しかし、受験では健康がないとすべてを失う可能性があります。

試合で結果を出すためにアスリートたちには、専属の管理栄養士がついています。同じように、受験生には、親が専属の栄養士なのだという気持ちで取り組んでみてください。

子どものたちの、健康上のSOSを見逃さない

保護者の役割の一つは、子どもの無言のSOSを見逃さないことです。

受験を迎えて集中力を高めていく子どもと、そうじゃない子どもに分かれていきます。**本番に向けて集中力を高めていく子どもたちは、健康習慣が身についていて生活リズムが整っている子どもです。**本番に向けてストレスが高まるにつれ、集中力の低下、イライラ、風邪を引くなどする子どもたちは生活リズムが乱れていたため、息切れをしてしまっているのです。

塾の先生方の話を聞くと、

- 緊張のあまり、吐いてしまう。
- 髪の毛を抜いてしまう。

●鼻血を出してしまう。
●塾に来なくなる。
●試験の結果が悪くて、寝込んでしまう。
●休憩時間に失踪してしまう。
などなど。

指導者にとっても、戦争状態です。

大人にとっては、受験は長い人生の中でいくつもあるハードルの一つです。しかし、子どもたちにとっては、受験は人生を決める「すべて」のように思えてしまうものです。この時期に、生活リズムが安定していないと、メンタルが必要以上に引っ張られてしまいます。新しいことを学んでもすぐに忘れてしまう。気持ちばかり焦って、結果が思うように出ない。足元からブラックホールに吸い込まれていくような感覚になるのです。

特に、
●風邪を引きやすい。もしくは、治りにくい

●イライラしている
●集中力が続かなくなってきた

こうしたサインは、

●必要な睡眠時間が確保できておらず
●必要な栄養素が食事から不足しており
●運動が確保されておらずストレスがたまり

生活リズムの根本が崩れてしまっている兆候です。

子どもは、ランナー。親は、リズムを整える伴走者。ぜひ、親子で納得のいくゴールを目指してください。

家庭内のストレスがMAXになることを、事前に予測しておく

受験勉強は、子どもの己との戦いという側面もありますが、家族の戦いである側面も忘れてはいけません。

夏期講習を終えたあたりから、受験生たちも緊張感を高めていきますが、同時に準備しておかなくてはならないのは、家族内のストレスマネジメントです。

親の立場に立って話を進めると、子どもを塾に通わせることで、

●毎月の月謝
●春期、夏期、冬期など季節講習代
●弱点補強の追加講習代
●学校別特訓代
●模試代

その他、施設費、教材代、などなど。

年間で100万円近くの投資がされています。さらに受験費用が公立高校の受検料は2200円、私立高校の受検料は1～3万円とケタが違います。受験をする学校数の平均は3校。早く合格が出た学校には納入金を全額払う必要がある学校も。40代の日本の平均給与を約500万円、さらに、平均貯蓄額を約1000万円と考えると、胃にキュッと緊張が走るほどの大金です。

今までの子どもへの投資が報われるかどうか、その結果が順次、出始めるのがこの時期なのです。

親から子どもへの教育は無償の愛／必要経費という側面もあります。しかし、今までかけてきた時間や投資額を考えると、何が何でも報われる結果が出てほしいというのも、偽らざる本音でしょう。

では、子どもや親の緊張感が高まる中、一番避けなくてはならないことは何でしょうか。

それは、家族の仲が悪くなること。

親は親で、「我が子は、もっと本気にならなくて大丈夫なのか」「もっと勉強に時間を割かなくて大丈夫か」と心配がピークに達します。年間100万円の投資回収という視点からも、子どもの未来にかかわる人生のターニングポイントの一つという視点からも気持ちは焦るばかりです。

一方、受験に立ち向かう子どもたちは、受験と同時に、自我を形成していく時期でもあります。反抗期と重なることもあるでしょうし、感受性が高い時期でもあるので、過剰にマイナスの言葉を受け取ってしまうシーズンでもあります。

子どもも親も、互いにストレスが高まり、ピリピリしている中で感情に任せて言葉を交わすと言葉もきつくなりがちです。

そして、言ったほうも言われたほうも、ネガティブな言葉が頭の中をぐるぐる駆け巡り、結果として家庭内の空気を悪くし、ストレスレベルをさらに上げてしまいます。**脳の記憶を司る海馬は、ストレスにさらされ続けると萎縮してしまうことが分かっています。家庭内のストレスは、子どもの勉強のパフォーマンスを下げてしまうのです。**

では、夏から秋冬にかけて高まるストレスゾーンを上手に切り抜けるにはどうしたら良いでしょうか。

それは、家族会議を開き、**「試験本番は、ストレスMAXになることが予想される。だけど、そんな時も落ち着いていこう！」**と事前に決めておくことです。受験直前1週間前などではなく、少なくとも、3カ月前には決めておくといいですね。

余裕を持って「受験ピークになると、プレッシャーも高まり余裕もなくなることが想像できる。でも、そんな中でも君の健康を家族でしっかり守っていきたい。

一緒に栄養たっぷりの朝ごはんを食べて、家族で体と心をいい状態にして受験を乗り切っていこう」と声をかけていたら、子どもも素直に聞くことができます。

「家の中で、余計なストレスがない状態」は、子どもにとってことのほか重要です。そして、最大のストレス対策は、家族という一番信頼できる人たちと、生活リズムが整っていること。

体の健康だけでなく、家族のメンタルが乱れないよう、今から心の準備をしておきましょう。

家族が仲良くいるため、「大切にすること」を共有しておく

学校や塾の先生にインタビューを重ねる中で、子どもの成績に影響を与えるのは、「生活リズム」と「家庭の仲のよさ」ということが見えてきました。

「生活リズムは、体の健康」に、**「家族の仲のよさは、心の健康」**に大きな影響を与えているというのです。

そこで、受験生を持つ保護者に「家族が仲良くいるために工夫していることはありますか？」と聞くと、やはり、細かな工夫をたくさんしていることが分かりました。小さな工夫ですが、「なるほど！」と思うものばかりです。ぜひ、参考にしてみてください。

●食事時は楽しく

大分県別府市で、3人のお子さんを育てられ、見事、志望校に合格した藤原家では、「ご飯のときは美味しく、楽しく食べよう」ということを家族で大切にしています。そこで、わいわい食べられてコミュニケーションも生まれやすくなるよう、意図的に、鍋やホットプレートの料理を多くしています。

●家族のお祝い事は、必ず一緒に

高校受験と大学受験にそれぞれチャレンジする2人の息子を持つ濱田さんは、家族のお祝いは、必ずみんなで食事に行くことにしていると言います。すると、必然的に、年に4回は外食に行くことになります。もちろん、行きたがらない時もあるようです。そんなときは、近くに住む、お祖父様、お祖母様もお誘いして、「おじいちゃん、おばあちゃんも、いつまで生きていられるかわからないんだから」という殺し文句を活用しているそうです。上手ですね。

●寝る前にマッサージをする

前述の西本さんは、塾の指導者をしながら二人のお子様を育てています。「大事な試験前や試合前などは睡眠が大事だから早く眠りたい！」と思っていても、寝る前に暗記物を頑張り、脳が興奮状態の時や、試験や試合への緊張などから寝付けない時があります。そんな時は、うちでは体を軽くさすってやるんです。タオルケットの上から手の腹全体を使ってくるくるなでるように優しく体全体をさすってやると、10分もすると、寝息を立て始めます。次の日も、体が軽いようです。母の手に勝るものはないな！と感じました。思春期になると、なかなか親子のスキンシップは難しいですもんね。だからこそ、毎晩……は無理でも、大切な試験前の1週間とか、なかなか寝付けない、寝ようとしない、なんていう時に「ちょっとマッサージしてあげようか！毎日勉強頑張ってるから体疲れてるでしょ」と、『眠りにつく前の儀式』にしてしまえばこっちのもんです。スマホを置き、「マッサージして〜」と目を閉じてうつ伏せになりますよ。思春期に取りづらいスキンシップが自然な形でとれ、オキシトシンの分泌にも繋がるのでは？と考えています。結果、体のケアだけでなく、心のケアもでき、小さい頃のようにぎゅーッと抱きしめる機会がなくなった息子に唯一ゆっくり触れられる時間にもなり、私自身も癒されています。

オキシトシンとは、ストレスを消し、幸せな感情を与えてくれるホルモンです。オキシトシンが親子で循環する素晴らしいルーティンですね。

●子どもの前では、絶対に、けんかしない

西本さんは、また「何があっても、子どもの前ではけんかをしないと決めている」と言われていました。親も人間なので、気分のアップダウンは必ずあります。まして、夫婦といえども、元々は他人。性別も価値観も異なります。

取材した多くの家庭で、夫婦げんかに触れた話が多く出ましたが、「子どもの前ではしない」と決めている家庭が多いのに驚かされました。「子どもにとって、

余計なストレスは害でしか無い」という観点に立つと、時と場所を考えるのは大切ですね。

●家族で22時には就寝する

中3娘、中1娘、小5息子を育てながら自治体や企業での講師として活躍中の中田さんは、22時には家族で布団に入るようにしています。

朝、起床後15時間経つと脳のパフォーマンスは一気に低下します。夜遅い時間に勉強しても不効率なのです。「家族全員」が早い時間に寝ることで、睡眠確保の優先順位を上げることができます。睡眠をとることで、脳のパフォーマンスを上げ、免疫力を保つことができます。

●家庭内で役割をもたせる

前出の中田さんは、家事を家族全員で分担制にしています。食事の準備、お風呂掃除、ゴミ出し、買い物などなど。「受験生だからと言って、勉強だけさせてはいけないと思う。日常の中で仕事もあるから。日々の生活の中で勉強があるのだから」。中田さんは、人気の講師として出張もあり、仕事が重なるとパンクしそうになることもあるそうです。しかし、家事は家族全員が役割分担をし支え合っていく、というスタイルをとっているから、自分の仕事が立て込んでいる時も、受験生の子どもたちが、食事や家事を率先して対応してくれるそうです。

●食事を一緒に作る

高校3年生の息子さんを持つ東京在住の小坂さんは、時々、親子で一緒に料理を作るようにしています。忙しい日はお米を研いでもらうだけの時もありますが、餃子、ピーマンの肉詰め、ハンバーグなど大好物のひき肉系はすんなりと付き合ってくれるそうです。「今日は、餃子にしようと思うけど」「イイね！」「何時頃からできる？」と時間も合わせながら、取り組んでいるそうです。

「食」という字は、「人生をより良くするもの」と書きますが、コミュニケーションを通して、食事を楽しみ、栄養をつけることができる、子どもにとっては勉強の間の何よりもリラックスタイムなのでしょう。

●家族でお気に入りの番組を一緒に見る

高校2年生、大学2年生のお子さんを持つ、兵庫県在住の澤上さんは、夜、お気に入りのクイズ番組を家族揃って見ながら解答を当てっこすることで、「一緒に大声で笑う時間」を大切にしています。

●グッドニュースをシェアする

浪人生の長男、高校2の長女、中2の次女の3人のお子さんを持つ三重さんは、家族が集まると、グッドニュースをシェアすることをルーティンにしています。これは、海外出張も多いお父さんの発案で、家族が集まったら、ボールを用意。ボールを持った人が今日のグッドニュースを話す。そして、次のパスを受け取った人がグッドニュースを話す、という具合です。

「家族で一緒にいられる時間は、限られている。時間は戻らない。家族一人ひとりを尊重して、わずかな時間でも、楽しくコミュニケーションをとる。時間、環境、空間の共有は何よりも大切だと思うんです」と言われていました。

●夜のラジオ体操

中学3年生の息子を持つ、大阪で結婚式の司会業をしている工藤さんのお宅では、夜、寝る前に家族揃って、ラジオ体操をしています。ゆっくりストレッチを目的としたラジオ体操を夜にすることで全身の筋肉がほぐれる。自然と家族が笑顔になる。リラックスできるから眠りが深くなると言われていました。

●土日は家族で食事をする

娘さんが京都の大学に入り、今度、大学受験にチャレンジする息子さんを持つKさんは、土日は家族そろって食事をすることを大切にしていると言います。家族の会話の中で心がけていることは、子どもの会話、価値観、考え方を否定しないこと。そういう考え方もあるんだね〜と、受け止めていくことで、会話はどんどん広がっていくと言います。

●子どもと一緒に運動する

埼玉県在住の20年の教師歴を持つ上沢さんは、息子と一緒にジョギングをする時間を大切にしていると言います。「息子と一緒に走ると、一人で走るよりも、時間が短く感じるんだよなぁ」と目を細めていたのが印象的でした。

●子どもの趣味に一緒に出かける

東京在住、3人の子どもを持つ某病院につとめる医療関係者の山田さんは、子どもがサッカー好きなので、サッカーに付き合う。大学生に入学した娘を持つ、福岡で眼科を開業している大原ドクターは、娘さんが歌好きなのでミュージカルなどの公演があると一緒に行くそうです。子どもが好きなことを親が一緒に来てくれることで道中の会話も弾むといいます。

どれも些細なことですが、ヒントになるのではないでしょうか。

取材の中で、家族は自然に出来上がっていくものではない。どの家庭も、家族がより仲良くなるように「小さな努力」を積み上げていることが分かります。**普段からこうした、「家族で大切にする時間」を積み上げてきているからこそ、いざという時もチームで乗り切っていけるのだと、深く納得しました。**

国立長寿医療研究センターは、「社会的つながり」が少ないと認知症リスクが46％高くなることを報告しています。これは、人は孤独だと本人も気がつかない間にストレスや不安を感じ、脳にダメージが蓄積していくことを示唆しています。これは高齢者のみならず、子どもにとっても同じことがいえます。

受験は、勉強という歯車のスピードを加速させ、本番にピークを持っていく競技です。そして、その歯車を回すエンジンは、「生活リズム」と「家庭の仲のよさ」。小さな努力を積み上げていきましょう。

健康のグラデーション＆リカバリーという考え方

いよいよ、次章から健康習慣（食事・睡眠・運動）の身につけ方を紹介します。

本書では、健康習慣全体を１００％カバーするというよりも、「ここだけ外さなければ大丈夫」「これだけは、避けたほうがいい」というポイントをギュッと絞り込んでいます。実行しやすい内容を心がけました。

ただ、読み進める中で、ひとつ注意してほしい点があります。

「そうは言っても、うちは共働きなんだから、こんな理想的な食事はできない」「うちは塾が遠いから送り迎えも車でしている。家に帰ってから晩ごはんだから遅い時間になってしまう」などなど、様々な思いに駆られることでしょう。

その時に、思い出してほしい考え方があります。

それは、「健康のグラデーション」と「リカバリー」という考え方です。

図のように、「健康」と「不健康」の間にはグラデーションがあります。ファストフードやカップラーメンなどは、確かに不健康なものです。また、冷凍食品やスーパーのお惣菜は、塩分が多いのも事実です。

しかし、絶対に食べてはいけないというわけではありません。食べてもＯＫ。ただ、「リカバリーしよう」と考えて、1週間かけて少しずつ「健康」に寄せた食事を選択していく。健康に良いもので不健康な食事を帳消しにしていく、という考え方が大切です。

本書を執筆する上で、受験生を持つ保護者に取材させていただきました。その中で痛感したのが、保護者も本当に忙しいということ。

さらに、社会状況の変化も激しく、突然の在宅学習、オンライン授業化、親の在宅ワークなど、家族全体にストレスもかかっています。

そんな中で、大切なのは100％を目指さないこと。

2人の受験生を持つ母である、私の高校時代の同級生に取材しました。後日、次のようなメッセージが届きました。

「子どもの健康も大切だけど、お母さん（お父さん）の『心の健康』も大切だと思うんだよね」

全くその通りなのです。

冷凍食品やスーパーのお惣菜よりも、手づくりのほうがよいに

健康のグラデーション

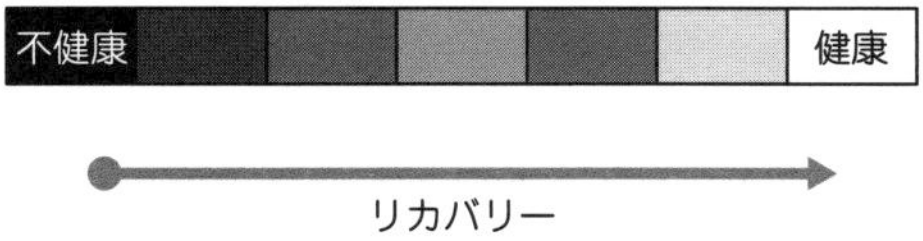

決まっている、でも、時間がない。朝食は、菓子パンよりも納豆ご飯のほうがよいのは分かっている、でも、子どもよりも早く家を出ないといけない。様々な事情があります。

その中で、「子どもに健康なものを食べさせないと」と、完璧を目指しても長続きはしません。逆に、お母さん（お父さん）の心の余裕がなくなり、メンタルがやられてしまいます。子どもを健康にするには、まずは、親がココロもカラダも健康であることが大前提です。

手を抜くときは、手を抜く。

そして、後日、本書で紹介するような食事を少しずつ加えて、1週間をかけてリカバリーしていく。

健康習慣や予防医学の専門家である私でさえ、100％理想の食事はできません。健康のグラデーションを一気にではなく、少しずつ、健康なほうに「寄せていく」という心構えでいきましょう。

2章

子どもの頭を良くする「食事力」

無自覚に子どもを不健康にしていませんか？

質問1　子どもがスティックシュガー10本分の砂糖を食べていたらどうしますか？
（そのまま食べさせますか？　やめさせますか？）

質問2　子どもが健康リスクのある人工的な油を食べていたらどうしますか？
（そのまま食べさせますか？　やめさせますか？）

質問3　子どもが1日の量を超える塩を食べていたらどうしますか？
（そのまま食べさせますか？　やめさせますか？）

受験生を持つ保護者の方に、右の質問をすると「とんでもない！」「そんなことをするわけがない」「すぐにやめさせます！」と答えが返ってきます。「あえて」不健康になるようなことを、子どもにするわけがありません。

ポイントは、**「無自覚に」**という点なのです。

例えば、子どもが角砂糖10個を水に溶かして飲んでいたら、あなたは慌てて止めることでしょう。しかし、CMで宣伝されている乳酸菌飲料やスポーツドリンク、缶コーヒーやエナジードリンクを飲んでいたらやめさせるでしょうか?

それらの中には、スティックシュガー10本をゆうに超える糖質が含まれています。

では、子どもが小腹を満たすために、菓子パンやポテトチップス、ドーナツを食べていたら、あなたは止めるでしょうか。

それらの中には、海外では使用を制限または禁止されているトランス脂肪酸がたっぷり含まれています。トランス脂肪酸は、水素系の薬品を添加して作られた人工的な油です。この油を取り続けると、悪玉コレステロールを増やし血流を悪くし、心疾患や脳疾患の健康リスクを招くと報告されています。そのためトランス脂肪酸は、「狂った油」とも表現されています。

また、夜遅くまで勉強を頑張る子どもが、夜食にカップ麺を食べていたら止めるでしょうか。カップ麺1杯には、1日3食の塩分量をゆうに超える塩分が含まれています。過剰な塩分を取り続けると、高血圧状態、心疾患、脳疾患のリスクを招きます。高血圧は喫煙と並ぶ、最大の生活習慣病リスク要因です。

大切なので、繰り返します。

ポイントは、**「無自覚に」**という点なのです。

前述した、糖質たっぷりの清涼飲料水、人工的な脂がたっぷり含まれるスナック菓子、過剰な塩分が含まれるカップ麺などは、海外ではガラクタな食べ物、ジャンクフード（Junk Food）と呼ばれます。これらの食べ物の共通点は「一瞬の満足度」は高い。しかし「栄養は空っぽ」ということです。そのため、ジャンクフードは、エンプティーフード（Empty Food）とも表現されます。

某大手の塾の指導者から、「エナジードリンクを箱買いしている家庭が増えてきた」という話を聞きました。栄養ドリンクしかり、エナジードリンクという言葉の響きがパワーを授けてくれるように感じるのでしょうが、私はオススメしません。過剰な糖質は、一瞬の覚醒をもたらします。しかし、切れた後は、飲む前よりも強い疲労感を覚え、「またもう1本……」となり、エナジードリンク漬けになってしまいます。

ハウス食品のアンケート調査によると、現代の8割の子どもは、**新型栄養失調**と報告されています。新型栄養失調とは、「カロリー」は足り、満腹感はあるが、たんぱく質、ビタミン・ミネラル・食物繊維など、体や脳を動かす上で必要な栄養素が不足している状態のことをいいます。

お腹は空いていないけど、栄養が枯渇している状態が、疲れやすい・風邪をひきやすい・肩が凝るなどの体調不良を引き起こしています。同時に、脳が本来のパフォーマンスを発揮しにくい状態になっているのです。

一生懸命勉強している、子どもたちの姿は、まるでゴールに向かってアクセルを踏むF1レーサーのようです。しかし、無自覚に目についたものを食べている行為は、質の悪いガソリンを流し込み、エンジン性能を低下させるのと同じです。

これではレース中に、燃料切れで悩む前に、車体そのものが壊れてしまいます。

体に害になる食べ物を遠ざけて、体や脳によい食事を増やす。これだけで、健康力の地盤地下を防ぐことができ、本番力をもっと上げることができるのです。

「体が資本」「健康が第一」という言葉があります。そのためには具体的に何をすればよいのか？という問いに、「バランスよく食べましょう」など抽象的だったり、「1日30品目の食材をとりましょう」など現実感がなかったりする答えが多く、戸惑います。

本書は、**科学的根拠に基づき、受験生の脳のパフォーマンスを上げる食材、次の食事からすぐに実践できる食材**という3つの視点で思い切って絞り込みました。それが、「たんぱく質」「野菜」「炭水化物」という3つのカテゴリーです。

本番力のピラミッドを一番下で支える「健康力」。それを堅牢にするには、何を選択するかが重要です。

寓話『三匹の子豚』の教訓にあるように、手軽で安価な材料で家を作っても、外敵（台風・狼）にすぐに吹き飛ばされてしまいます。コツコツとレンガの家を作った末っ子の子豚だけが健康という強靭な家を作ることができるのです。

本番力を支える強い味方、たんぱく質

受験生を持つ保護者に、「本番力をあげる一番大切な栄養素は何だと思いますか?」と質問すると、「ビタミン!」「DHA!」など、さまざまな回答が上がります。どれも、大切な栄養素です。欠かすことはできません。

ただ、「本番力を上げる」という視点に立った時に、ミクロよりも、マクロ栄養素からおさえていくことがポイントです。

それが、**たんぱく質**です。

たんぱく質は英語でプロテインと呼ばれます。プロテインの語源は、ギリシャ語の「プロティオス」で**「この世で最も大切なもの」**という意味です。

たんぱく質は、筋肉や、内蔵、血管、ホルモンの材料となるだけでなく、免疫、ストレス耐性にも大きく関係しており、「本番力」を支える上でも、最も大切な栄養素なのです。

たんぱく質が不足すると、体力面では、筋力が低下し猫背になる。太りやすくなる。貧血になる。冷え性になる。免疫力が低下し、風邪を引きやすくなる、などは想像がつくでしょう。しかし、それだけではありません。

メンタル面では、やる気を出してくれるドーパミンや気持ちをリラックスさせるセロトニンなどの神経伝達物質が普段のように作られず、働きも鈍くなってしまいます。すると、集中力・記憶力が低下します。

本番力に欠かせないこのたんぱく質の推奨摂取量は、厚生労働省『日本人の食事摂取基準（2015年版）』によると、6~7歳男子の場合、1日に35g。10~11歳になると50gまで一気にアップします。さらに、**15歳までの成長期では「60g」必要**なのです。これは、成人のたんぱく質推奨量と同じです。

ところが、**このたんぱく質、多くの子どもたちが足りていません。**

栄養素等摂取量の年次推移（国民健康・栄養調査（平成25年度））を見ると、ここ40年で10g以上も減って、なんと1950年代と同じ水準まで下がっているのです。

ただ、「よし！今日から、肉をモリモリ食べさせよう！」「受験に勝つ！にかけて、今夜はトンカツだ！」というのは、ちょっと待ってください。実は、脂身をたっぷり含むお肉でたんぱく質を過剰にとることは、受験生には、消化に悪く、脳のパフォーマンスを下げてしまうというネガティブな面も大きいのです。

本番力を高めるためには、たんぱく質の「質・時間・量」の3要素が肝です。

質　**たんぱく質の中でも、優先順位を上げたい食材とは？**
時　**どのタイミングでたんぱく質をとると、ベストなのか？**
量　**どれぐらいの量をとることがよいのか？**

これら、3つのポイントに沿って話を進めていきます。

まずは、たんぱく質の中でも、私が「たんぱく四天王」と呼んでいるコスパのよい食材を紹介します。

私が大好きな格言に「You are what you eat」があります。

訳は**「あなたは食べたものでできている」**です。

「たんぱく質四天王」は、良質なたんぱく質がリッチに含まれているだけでなく、受験生の勉強のブースターになってくれるような嬉しい栄養成分が含まれています。

たんぱく質は、脂質や糖質と異なり、体に貯蔵できないという特徴があります。しかし、良質なたんぱく質を欠かさず摂ることで、勉強に取り組むお子さんの集中力UP、お父さんの仕事のパフォーマンス向上にも、お母さんの美容にも役立ちます。

(1) 鶏肉：抜群の疲労回復効果

子どもたちが本番で力を発揮するための、「最低条件」は何でしょうか。

それは、**「疲れていないこと」**です。

かつては、疲れなんて気合と根性。試験当日は、栄養ドリンクで乗り切ればいいんだ、という考え方もありました。しかし、研究が進むにつれて、蓄積された疲労感はそんな対処療法で拭い去ることはできず、むしろ疲労は体だけでなく、ストレス耐性や集中力も低下させることが分かってきました。

スポーツの世界では、「崩れる」という表現があります。

●守備が崩れる
●ペースが崩れる
●フォームが崩れる　など

はじめはよかったけど、後半戦、思い通りに進まなくなる時の表現で使われます。

受験でも、11~2月は模試、志望校・滑り止め受験など試験ラッシュになります。この時に、疲労が蓄積して「崩れる」現象を防がなくてはなりません。

そのためには**「日々、疲労をためない」ことが大切**になります。

そこで、まずおすすめしたいのは、**鶏のむね肉**です。豊富なたんぱく質に加え、「疲れが取れやすく、溜まりにくくなる」栄養素を含む食材です。

疲労回復の食事、といえば、脂身たっぷりのカルビの焼肉、分厚いロースのとんかつなどをイメージする方が多いと思います。しかし、こうした脂身たっぷりの食事は、たんぱく質の量が不十分なだけでなく、消化にも時間がかかり、内臓にも負担をかけてしまいます。スポーツ選手らが、疲労回復効果を高めたい時に、脂身たっぷりの食事を避けるのはこういう訳なのです。

鶏のむね肉は、たんぱく質を豊富に含み、脂肪分が少ない優れた食材。さらに、疲労回復効果の高いイミダゾールペプチドという成分がたっぷり含まれています。

この成分が有名になったのは1990年代後半。厚生労働省（旧厚生省）が行った疫学調査で、日本人の疲労度が飛び抜けて高いことが発覚したのです。「疲労大国日本」と言われ、サラリーマンたちが疲れ果てていた時期でした。

そこで、厚生労働省がリーダーシップをとり、研究費総額なんと30億円をかけた産官学連携の「疲労対策」研究プロジェクトが発足。そこで、ありとあらゆる食材を研究・調査した結果、疲労回復効果がダントツに高かったのが、イミダゾールペプチドという成分を含む、鶏のむね肉だったのです。

人間の脳は、体重に占める割合ではたった10％程度の重さですが、運動する筋肉と同様、猛烈にエネルギーを消費します。ましてや、受験勉強の期間中は日常生活以上の負荷がかかります。

イミダゾールペプチドには、脳の活性酸素や脳にたまる老廃物を除去し、脳の神経細胞を保護する強い作用を持っています。また、脳の前頭葉の血流をよくし、記憶力低下を押さえる効果が報告されています。イミダゾールペプチドを摂っていない受験生は、それだけで大きな損をしている！と断言しても差し支えないほどパワフルな成分なのです（出典：kaneko J et al. Sci Rep.7（1）：1251（207））。

鶏のむね肉は受験勉強に頑張る供の脳と体の疲労回復効果、仕事に頑張るお父さんのパフォーマンスをあげてくれますし、お母さんのお肌への美容効果も抜群です。家計に優しく、料理にも使いやすいのでぜひ今夜のメニューから鶏のむね肉を取り入れてください。

(2) 魚：脳を守り、メンタルを強くする効果

魚は、アミノ酸スコアが非常に高い食材です。

アミノ酸スコアとは、たんぱく質の最小単位を評価した指標です。**食材の戦闘力**と言ってもよいでしょう。バランス良く100に近いほど理想的とされ、アミノ酸スコアの低い食材を食べると、体の中で十分なたんぱく質を生成できないのです。すると、筋力・体力・免疫力・集中力の低下を招いてしまいます。

魚介類は、アミノ酸スコアが高いだけでなく、牛肉や豚肉のように消化に時間がかかる脂や筋が少ないので、胃腸にとても優しいのです。

そもそも、**脳の劣化を防ぎ、脳をよい状態に保つために欠かせない3要素**があります。

1 認知力を低下させないよう、**抗酸化物質で脳の酸化（老化）を防ぐ**こと

2 オメガ3脂肪酸をはじめとする、**脳に良い脂質を摂る**こと

3　脳へのエネルギーを運ぶ、**心臓と血管を健康に保つ**こと

この3要素を一気に満たす成分がＤＨＡ・ＥＰＡです。

魚介類に含まれているこの成分は、１９８０年代に英国の脳栄養学者であるマイケル・クロフォード博士が「日本人の子どもの知能が高いのは、魚を食べているから」という研究論文を発表したことで一躍有名になりました。

では、ＤＨＡ・ＥＰＡは脳内で何をしてくれるのかというと、その働きは大きく5つ。

1　脳神経を再生し、脳内の**情報伝達の維持**に役立つ
2　脳内の酸化ダメージから、**神経細胞を保護**する
3　潤滑油のような働きで、脳神経間の**情報伝達を滑らかに**する
4　脳内に酸素を運ぶヘモグロビンが増え、**脳細胞が活性化**する
5　脳内のゴミと呼ばれる、**アミロイドβの大脳皮質への沈着を減少**させる

近年の米国ペンシルベニア大学の研究でも、中国の9～11歳の500人以上の生徒を対象に「魚の摂取量と学力の関係」を調査したところ、「毎週魚を食べる」と答えた子どものIQ平均点は、「めったに食べない」「まったく食べない」と答えた子どもよりも4・8点高く、「時々食べる」と答えた子どもの平均点も、頻度の低い子どもの点数を3・3点上回ったと報告されています。

さらに、英国オクスフォード大学の研究では、「DHAの血中濃度が高い子どもは読解力・記憶力が高い」と報告されており、さらに、鬱になるリスクが22％低下と報告されています。

加えて、近年ではDHA・EPAの強力な「抗炎症作用」にも注目が集まっています。体外からの細菌感染や外傷等によって組織が傷つくと炎症が起こるのですが、DHA&EPAが火消し役として活躍することが分かってきました（参考研究：女子栄養大学基礎栄養学研究所　川端瑞江氏）。

●脳のパフォーマンスを上げ
●メンタルを守り

細菌の感染に対しても強い抵抗力を持つ

これほど、健康への貢献度が高い栄養素を持つたんぱく質は、そうそうありません。このことから、**魚は「奇跡のたんぱく」**とも表現されます。

ところが、近年は肉食が増えており、平成18年からは魚を食べる率が減ってしまっているのです。

「調理に手間がかかる」「骨や内臓などのゴミが出る」「食べるのが面倒くさい」。料理をする側も、食べる側も理由があるのでしょう。

しかし、これは受験生にとっては、もったいない！

では、食生活の中で、魚の摂取量を少しでも増やしていくにはどうすればよいのでしょうか。はじめの一歩として、朝ごはんにしらすや、ちりめんじゃこを加えることをオススメします。ちりめんじゃこは、冷蔵庫から取り出して、大さじスプーン1杯を、温かいご飯に振りかけるだけ。

DHA・EPAは、朝が最も吸収率が高いので理にかなっている上、一日のメンタルを安定させるカルシウムもたっぷり。もちろん、たんぱく質も補給できるので、まさに受験生にぴったりな食材なのです。
また、子どもが好きなカレーの具材に、サバ缶を使ってみてください。サバは、たんぱく質も豊富ですが、ＤＨＡ・ＥＰＡがリッチに含まれています。魚が苦手な子どもも、これなら美味しく食べられることをお約束します。

受験勉強という過酷なレースを勝ち抜けるのは、勉強も健康も、基礎からしっかり作った生徒たちなのです。

まずは、朝ごはんに、ちりめんじゃこを熱々のご飯にかけて食べること。次に、週1回、週に2回と魚の登場回数を増やし、**最終目標は、週に3回は魚を食べるよう、献立を組み立ててみましょう。**

これが習慣になれば、血中のＤＨＡ・ＥＰＡの量は十分に満たされ、脳も常にフレッシュな状態になっているはずです。

(3) 大豆：脳の神経を育てる効果

さあ、おすすめしたい「たんぱく四天王」の3番目は、大豆です。

大豆は、野菜の中でもたんぱく質が豊富に含まれていて、別名、「畑のお肉」と言われるほど。次世代のベジタブルミートとして注目を集めています。

本番力を高める上で、大豆をおすすめする理由は3つあります。

その1　脳の神経伝達に欠かせないレシチンを多く含む

アメリカでは、「ブレインフード」と呼ばれ、脳の働き（神経伝達）をスムーズにする上で、欠かせない食材となっています。

その2　抗酸化成分イソフラボンを多く含む

脳は体の中で最も多くの酸素を必要とする器官です。大量の酸素を消費する中で、いわば産業廃棄物として発生してしまうのが活性酸素。この活性酸素が脳の細胞を酸化させダメージを与えてしまうのです。さらに、現代の子どもたちはスマホを通じてSNSや動画サイトなどから情報が絶え間なく流れ込んできます。こうしたものも脳に酸化ストレスを与えてしまうのです。脳を錆びつかせる活性酸素から脳を守るためにも、強い抗酸化力を持つイソフラボンが役に立ちます。

その3　植物性のたんぱく質は、健康効果が高い

赤身肉を、大豆などの植物性たんぱく質に3％を置き換えるだけで、循環器のリスクは42％も下がることが分かっています。循環器のリスクというと、ピンとこないかもしれませんが、「血管にまつわる病気」と考えてください。**血管は、脳に酸素や栄養素を運ぶ大切な道路。そこにドロドロ・ベタベタの生ゴミが置かれ、渋滞していては、日々の勉強もはかどらず、本番当日に能力を発揮できるわけがありません。**

では、大豆を食卓の中で増やすには、どのような工夫があるでしょうか。

まず、思い浮かぶのが納豆。そして、豆腐です。

納豆はたんぱく質以外にも納豆菌などが含まれていて、免疫UP効果があり、世界一健康的な食事と呼ばれます。しかし、独特なにおいが苦手な人もいるかもしれません。そんな時は、オリーブオイルをかけてみてください。においがぐっと和らぎ、美味しく食べられます。お酢をかけても、さっぱりと食べられます。

お豆腐は、味噌汁にたっぷり入れるといいでしょう。ここに油揚げが入ると、

大豆食品が3つ入った極上の健康スープの完成です。

カレーは、お肉の量を少し減らして、厚揚げを入れる。

お鍋は、お肉の量を少し減らして、お豆腐を増やす。

料理が面倒なときは、水煮の大豆パックを買ってきて皿に盛り付けるだけでも十分です。

牛肉、豚肉などの赤身の肉をゼロにする必要はありません。ただ、毎日、赤身肉という生活をしていると、中性脂肪や悪玉コレステロールが増えて、健康リスクが高まるのも事実です。食事全体の、1割程度を大豆食品に置き換えるレベルであれば、食の満足度もキープしつつ、健康度を一段引き上げることができるのです。

ぜひ、日本が誇るスーパーフードを存分に活用して、子どもの本番力を高めてください。

（4）卵：アミノ酸スコア100点満点のスーパーフード

もう少し手軽にたんぱく質を摂れる食材はないだろうか？と悩んでいる方に朗報です。

たんぱく四天王のトリは、卵！

成長期の子どもたちには欠かせないたんぱく質をリッチに含み、食事の中でも取り入れやすい食材です。卵かけごはん、スクランブルエッグ、目玉焼き、ゆで卵。どれも簡単に調理ができ、子どもたちの大好物。しかも、1個15～20円程度とお財布に優しいのがいいですね。

卵は、ビタミンCと食物繊維以外の、人間に必要な栄養素をほぼ含むため、**「完全食」「生命のカプセル」**とも言われています。特に100gあたりのたんぱく質含有量は、肉や大豆、乳製品と比べても高い上、アミノ酸スコアが100という良質で栄養価の高いたんぱく源。育ち盛りの子どもにはぴったりな食材なのです。（資料：「日本食品標準成分表2015年版（七訂）文部科学省／「日本人の食事摂取基準2015年版」厚生労働省）

卵の優先順位を上げてほしいのは、たんぱく質をリッチに含むだけでは、ありません。卵は、**記憶力に欠かせない成分と疲労回復成分を含むスーパーフード**だからです。

1　ブレインフードとしての卵

卵には、脳の発育に欠かせないコリンという成分があります。コリンは脳内に入ると脳の神経伝達物質に合成され、脳の働きを活発化させ、記憶力や集中力を高める働きをします。脳内のコリンが減少することと記憶や学習能力の低下の相関関係は、1980年代から着目されていました。その実証が進み卵の摂取量が多い人（約1個／日）は少ない人より、言語や画像の記憶力が高いことが分かっています。

また、アメリカの著名な科学雑誌『Science』でも、コリンの多い食事を与えたマウスと、そうでない食事を与えたマウスとでは明らかに記憶力・学習力に差が出て、しかも、脳の老廃物アミロイドβを減らしたという研究結果が発表されています。

2 疲労回復フードとしての卵

スポーツをしている方であれば、バリン、ロイシン、イソロイシン、アルギニンといった成分は聞いたことがあるでしょう。スポーツドリンク、スポーツ向けサプリメント、プロテインなどに含まれている筋肉疲労を回復するために効果的な栄養素です。卵にはこれらがたくさん含まれています。

脳の発達や疲労回復に抜群の効果を持つ卵。1日1個は、食事に加えていきたいですね。

[補足] 卵には、コレステロールが含まれることから、50年以上も（!）摂取量の制限がされていました。しかし、近年の研究では、それは「科学的根拠がない」ことが明らかになり、アメリカのDietary Guidelines for American（DGA）でも、日本の厚生労働省の「日本人の食事摂取基準2015年版」でも摂取目標量は削除されました。
1日1～2個であれば、まったく問題ありません。

記憶力強化メニューとして、「チーズ・オムレツ」がおススメです。卵のコリンは、チーズに含まれるビタミンB12と一緒になることで、記憶力をさらに強化するからです。チーズのたんぱく質もとれるので一石二鶏ですね。

子どもの足を引っ張る、たんぱく質

これまで、食べる優先順位を上げてほしい「たんぱく四天王」鶏肉、魚、大豆、卵の4つを紹介してきました。

では、逆に、優先順位を下げたほうがよいたんぱく質はあるのでしょうか？

それは、**ソーセージ、ハム、ベーコン、サラミ、ビーフジャーキーなどの朱身肉の加工肉食材**です。

私が実施している受験生や保護者向けの「健康習慣、本番力セミナー」で、最も驚かれるのがこのパートです。

保護者は、勉強を頑張る子どもたちに、パワーがつくようにと、良かれと思って、朝、ベーコンを炒めたり、ハムをたっぷり重ねたサンドイッチを作ったり、ソーセージを茹でたりしています。逆にそれが子どもの健康に足かせをつけてしまっていたなんて……と愕然とされます（ちなみに、魚肉ソーセージは、赤身の加工食品ではないのでご安心を！）。

また、受験生たちも、塾で一生懸命勉強したあとの帰り道で、小腹を満たすために食べていたホットドッグや、ハンバーガーが脳にダメージを与えていたなんて……と目を丸くします。

加工肉には、加工肉の鮮度維持、防腐目的で使用している硝酸塩・亜硝酸塩などが入っています。これらの化学物質が腸内の細胞にダメージを与え、健康リスクを高めてしまうのです。WHO（世界保健機関）の専門組織である国際がん研究機関（IARC）は、5段階で発がん性の評価を行っていますが、そのカテゴリーでタバコと同じワーストのカテゴリーに入るのが、加工肉なのです。

では、牛肉や豚肉などの赤身の肉はどうでしょうか。

赤身の肉には、たんぱく質の他に亜鉛、ビタミンB群など大切な栄養素が含まれていることも事実です。特に、成長期の女子に大切な鉄分も豊富に含みます。ただ、食べすぎは、注意が必要です。

2007年に世界がん研究基金（WCRF）と米国がん研究協会（AICR）による評価報告書で、赤身肉、加工肉の摂取は大腸がんのリスクを上げることが「確実」と判定しています。赤身肉は調理後の重量で週500g以内が好ましいと勧告しています。

別の視点で見れば、たんぱく四天王（鶏のむね肉、魚、大豆、卵）の登場シーンを増やし、その間に赤身肉を加えていけば問題はありません。

冒頭に申し上げましたが、

体に良い食事は、脳に良い食事。
体に悪い食事は、脳に悪い食事です。

その上で、ソーセージ、ハム、ベーコンなどの加工肉は、極力減らす。牛肉、豚肉の赤身肉を食べる時は、その場の雰囲気も含め、たっぷり楽しむ。その後、「今週は、たんぱく四天王（鶏のむね肉、魚、大豆、卵）で、リカバリーしよう」と切り替えればOKです。

ぜひ、食の選択基準を頭に入れつつ、なるべく、健康な食材の割合を増やすように。また、不健康な食材の割合を少しずつ減らすように、マネジメントしていきましょう。

牛乳ってどうなの？？

たんぱく質が豊富に含まれる食材として、とり肉、魚、大豆、卵が出てきました。ゼロにする必要はありませんが、控えるべきたんぱく質として、加工肉（ハム、ソーセージ、ベーコン、サラミ）そして、牛肉、豚肉が出てきました。ここで、栄養素に敏感な方は、「あれ？ 牛乳もたんぱく質が含まれる食材では？」と思った方もいるのではないでしょうか。

そうです、牛乳を含む乳製品にもたんぱく質がリッチに含まれています。**牛乳は、東京都健康長寿医療センターが実施した調査において、成長期の子どもの体を作る大切な健康飲料と位置づけられています。**学校で給食にも使われているのは、たんぱく質を豊富に含むからです。また、乳製品の特徴成分である、カルシウムが多く含まれています。カルシウムは、骨の形成を助けるだけではなく、精神状態を安定させ、穏やかな睡眠を促すための栄養素でもあります。ぜひ、積極的に飲んでください。

しかし、牛乳はすべての人にとって良いかといえば、そうではありません。一部の人にとっては、マイナス効果があるので、要注意です。乳糖不耐症や牛乳に含まれているカゼインが苦手な人が該当します（私もそうです！）。

本書では、健康習慣の「原理原則」について紹介しています。しかし、この原理原則が全ての人に当てはまるわけではありません。牛乳が体に合わない人は、無理に飲まないこと。

原理原則を知った後は、実際にやってみる。そして、自分の体にフィットする

かしないかを確認する。
自分の傾向に合わせた対策をする。受験勉強と同じです。

たんぱく質の落とし穴を埋めることが、学力UPへのコツ

さて、前項では、たんぱく質を豊富に含む食材の中でも「何を優先させるのか」「何を控えるのか」というテーマでお話しました。

ここでは、「たんぱく質の落とし穴」についてお話します。

たんぱく質の落とし穴というのは、1日のうちでたんぱく質が不足している「時間」のことを指します。

「たんぱく質不足」というテーマでお話をすると、みなさんから「子どもはお肉が大好きでよく食べています。本当に不足しているのでしょうか？」という質問をよく受けます。

そこで、**私は、皆さんに「朝はどんな食事をしていますか？」と問い返します。**

そもそも、食べていない

菓子パン
ジャムを塗ったパン
ふりかけご飯　　　　など、答えはさまざまです。

お子さんの食生活を思い起こしてみると、肉や魚などのたんぱく質を摂取している量とタイミングは、**朝＜昼＜晩**となっていないでしょうか。日本人の食生活の傾向から、朝のたんぱく質が極端に少なく、夜に取りすぎていることが分かっています。

ポイントは、**朝＝昼＝晩**と、**たんぱく質を3食分散**してとること。

その理由は大きく2つ

1　吸収効率が高くなる

たんぱく質は、一度に、大量に食べても、過剰摂取したものは体内に取り入れることはできません。3食に分散したほうが、体内への吸収効率が上がるのです

2　朝、たんぱく質をとると体内時計を整えてくれる

朝、なかなかエンジンがかからない子どもは、体内に眠気が残っています。これは、体内時計がＯＦＦからＯＮに切り替わっていない状態です。朝たんぱく質

を摂ることで、体内時計が整い、朝の眠気を断ち切り、体温を上げ活動モードに切り替わります。

東京大学等で「時間栄養学」の講義をしている大池秀明氏は著書の中で、たんぱく質を含む朝食を食べる習慣が学校の成績、入学した大学、入社した企業、その後の年収に強い相関関係があるとの研究調査を発表しています。つまり、**朝、たんぱく質を含む朝食を食べている学生は、成績が高く、第1志望校に入る率が高く、社会人になっても、ハイパフォーマーとして活躍し高い年収をもらっているということ！**

学生の頃からの食事習慣は、社会人になっても強く影響を及ぼすことが分かります。

中には、「朝は食欲がないから食べられない」という声もよく聞きます。

そんな時は、夜に消化の悪い赤身の肉を食べていないか。また、夜中の遅い時間に食事をしていないか。食事の内容、食事のタイミングを見直してみてください。夜の食事マネジメントができていないと、朝は胃もたれし、朝ごはんを食べる気になりません。

本番力を上げる、朝のたんぱくリッチな食事としては、ご飯に、納豆、卵、さらに、ちりめんじゃこを乗せたら、たんぱくリッチな朝ごはんの完成です。ここに、お豆腐をたっぷり入れた味噌汁などが加われば完璧。たんぱくリッチな朝ごはんを1週間も続けると、子どもの顔色がどんどん良くなっていくのに驚くことでしょう。

ただ、こうした食事は、試験の朝だけ食べればよいということではありません。毎朝の習慣によって、少しずつ底上げされていくものなのです。

保護者は、ぜひ、子どもの伴走者として、食事のサポートをしてあげてください。成長期に身につけた食習慣は、大人になってもきっと役に立つはずです。

量の基準を知ると、たんぱく不足は防げる

これまで、本番力を欠かせない栄養、たんぱく質は

●何を優先的に食べればよいのか（たんぱく四天王：鶏のむね肉、魚、大豆、卵）。
●どのタイミングで食べればよいのか（朝＝昼＝夜）。
をお伝えしてきました。

では、どれぐらいの「量」を食べればよいのでしょうか。

たんぱく質の摂取量の目安は、体重の係数×1gと覚えておくとよいでしょう。
例えば、体重を60kgとすると、たんぱく質の摂取量は60×1gで60g。
（運動している場合は、より積極的量を増やす必要があります）
そして、前項で述べたように、朝、昼、晩の3分割で食べることがベスト。
つまり、1食20gのたんぱく質が必要になります。

では、20gとはどれぐらいの目安でしょうか。

目安として覚えておくと、食事を準備する上で役立つことでしょう。

●**卵**　6g
●**納豆**　6g
●**豆乳**　7g（コップ1杯）

これで合計、約20gです。

また、**肉や魚は、手のひら1枚サイズが15g**と覚えておくとよいでしょう。

なぜ、たんぱく質の量にこだわるのかと言うと、前述の通り、たんぱく質は、筋肉や内臓の材料になるだけでなく、脳神経系のホルモンを作ったり、病気と戦う免疫抗体を作る材料にもなり、受験生には欠かせない栄養素だからです。

こんなに、大切な栄養素なのに、体の中に貯蔵庫がありません。

糖質や脂質は、中性脂肪になって、脂肪細胞に蓄えられますが、たんぱく質は、補給されないと分解されていく一方なのです。だからこそ、毎日、欠かさずに一定量取ることが必要になってきます。

たんぱく質を取らずに受験に臨むことは、鎧を持たずに戦場に出るようなもの。受験の本番力を高める上で、たんぱく質を朝からしっかり摂ることは、必要不可欠なのです。


朝は、納豆、卵かけご飯に、しらすを大さじスプーン1杯。

さらに、豆乳をコップ1杯で、たんぱく質の十分量を補給することができます。


日本が誇る、野球のイチロー選手は次のような名言を残しています。

「やれることは、すべてやる」


受験となると、どうしても勉強の割合が高くなり、健康の優先順位が下がりがちです。しかし、そうではありません。

やれることは、全てやる。

その中には、コンディション管理も入っているのです。

守護神、野菜四天王

誰しも、子どもの頃から「野菜を食べなさい」と言われ続けてきました。しかし、なぜ食べる必要があるのか等、くわしい理由を教えてもらったことはありません。だから、何となく食べる量が減ってしまっているのではないでしょうか。**野菜が本番力を高めてくれる食材であると知れば、もっと食卓に登場するはずです。**

野菜には、ビタミン、フィトケミカル、ミネラル、食物繊維などが多く含まれています。

まず、ビタミンやミネラルは、神経細胞の生成に欠かせない栄養素です。フィトケミカルは、野菜特有の抗酸化成分で、脳に大量に発生する活性酸素という毒素を洗い流してくれます。さらに食物繊維は、免疫の7割を担う腸内環境を整えてくれます。野菜に含まれている、栄養素や成分は、人の体内で作ることができません。そのため、野菜を食べて摂取する必要があるのです。

野菜は、子どもたちがベストな状態で本番に臨む上で欠かせない食材。受験生の（お守り／守り神／守護神）と言っても過言ではないのです。

では、どれぐらい食べればよいのでしょうか？

厚生労働省によると、1日350gと言われています。日本人の平均野菜摂取量は280gですので、70g足りない状況です。70gはトマト半分程度。とはいえ、一食で70g増やすのはなかなか難しい。

そこで、**「831《やさい》の法則」**を習慣にしてはいかがでしょうか。

その心は、「3食に野菜を1品加える」ということです。

例えば、

朝、納豆1パック。

昼、ほうれん草のおひたしを追加（コンビニで買ってもOK）。

晩、みそ汁に、きのこ1株を追加。

といったように、**1食ごとに、野菜をひと品加えるだけで、ゆうゆう350g**

を超えることができるのです。

先日、実家に帰った時。ふと冷蔵庫を見ると、細長い紙がマグネットでとめられていました。そこには、母の字で、万葉集のある一節が書かれていました。

「病は口より入る。故に君子は其の飲食を節《つつし》む」　山上憶良《やまのうえのおくら》：沈痾自哀文《ちんあじあいのぶん》

私が、いま、健康に仕事を全力でできているのは、母がこうした思いで、食事を準備してくれたことが基礎になっていたのです。**学生時代の食生活は、将来にわたって影響を与えるものなのですね。**

では、たんぱく四天王に続き、野菜四天王を紹介しましょう。

（1）記憶力を上げる野菜：ほうれん草（緑黄色野菜）

緑黄色野菜は、英語で**「green and yellow vegetables」**と呼ばれます。

英語にすると、緑、黄色などの鮮やかなビタミンカラーのイメージが広がっていきますよね。

さて、この緑黄色野菜の代表格は、**ほうれん草**。

ほうれん草は、野菜を丸ごと食べたときの単位（whole food ホールフード）で、最も、栄養価が高い野菜です。

ほうれん草には、**ルテイン**という成分が含まれています。ルテインは、視覚記憶や注意力をアップさせてくれる働きをします。

実際、ルテインが視覚と脳機能に与える効果を調べた実験があります。それによると、ルテインが入った栄養素を摂取したグループは、摂取しなかったグループより、見たものを覚える視覚記憶が23％、注意力が33％向上していると証明されています。目と脳をフル活用する受験生には欠かせない成分と言えます。

別の研究では、ルテインは脳を若返らせ、認知機能や注意力を高め、脳の活動活性化させ、脳疾患のリスクを最大20％も減らせることが報告されています。

これだけの脳への健康効果を知ってしまうと、受験勉強においても、摂取している受験生とそうでない受験生とでは大きな差が生まれてきそうです。

ルテインは、もともと体の中に存在し、加齢やブルーライトのストレスで減少していきます。

受験生は、加齢とは無縁かもしれません。しかし、スマホやPCなどから有害なブルーライトに過剰にさらされ、人類史上、最も目を酷使している時代と言えます。だからこそ、**目や脳を守るために、食事からルテインを補う、攻めの健康マネジメントが必要なのです。**

では、ほうれん草以外に、ルテインを多く含む野菜はないのでしょうか？

あります！　**小松菜、アボカド、にんじん、大根の葉、かぼちゃ、パプリカ**にもルテインは豊富に含まれます。これらもぜひ活用してください。

ルテインを含む食材を食べる時は、「食べ方」をひと工夫してください。

それは、亜麻仁オイル、オリーブオイルなどの油と一緒に摂取するということ。緑黄色野菜に含まれる成分は脂溶性なので、オイルと一緒に摂ると体内への吸収率が格段に上がります。ほうれん草を食べる時は、おひたしや味噌汁にも亜麻仁オイルやオリーブオイルなどを積極的に使用されることをお勧めします。

ほんの少しの手間で、勉強を頑張る子どもたちの健康力を押し上げることができます。この手間の積み重ねが、いざ受験本番の時に大きな差となるのです。

(2) 台所のドクター:ブロッコリー(アブラナ科)

野菜四天王の2番手は、「台所のドクター」と呼ばれる野菜、ブロッコリーです。

古代ギリシャの医者、ヒポクラテスは、**「食べ物をあなたの薬にし、薬をあなたの食べ物にしなさい」**という言葉を残しています。

体調を崩してから慌ててお金と時間を使って病院に行くよりも、日々、ブロッコリーを食べることで家族の健康を守ることができるのであれば、こんなによいことはないですよね。

ほうれん草には、脳や目のパフォーマンスを上げてくれるルテインという成分が豊富でした。

ブロッコリーには、強烈な抗酸化作用をもつ**スルフォラファン**が含まれ、脳を活性酸素から守る働きがあります。

「攻めのほうれん草」「守りのブロッコリー」と覚えておきましょう。

さて、どれぐらいパワフルに脳を守ってくれるかというと、スルフォラファンは、脳の血管にかかわるリスクを22％低下させてくれます。脳のパフォーマンスを維持するには、酸素や血液を運ぶ心臓と血管の状態が良いことが欠かせません。**マイナスの要因を減らせるということは、それだけでも大きなアドバンテージなのです。**

さらに、ブロッコリーの抗酸化成分は、デトックス効果が高いのも特徴です。子どもたちは、コンビニやファストフードに囲まれているため、どうしても、不要な添加物を無自覚に取り入れてしまいがちです。**添加物が積もりつもって子どもたちの体や脳の健康を損ねないように、ブロッコリーを積極的に取り入れてください。**

さて、ブロッコリーはアブラナ科の野菜ですが、ほかにキャベツやカリフラワーなどがあります。

アブラナ科の野菜の特徴として、

- 低カロリー
- たんぱく質が豊富
- ビタミン、ミネラルが豊富
- 食べごたえがあり満腹感を与えてくれる
- 消化がよく整腸作用を良くしてくれる

などがあります。

嬉しい特徴ばかりですね。

さて、ブロッコリーもさまざまな料理に活用しやすい野菜で、手間暇かけずに食べられます。

お皿に盛り、ラップをして電子レンジで調理するだけでいいのです。また、耐熱皿に切ったブロッコリーを乗せ、その上からチーズをかけてオーブンにかければそれだけで十分なご馳走です。子どもたちも喜んで食べてくれるでしょう。カレーやシチューの具材にするのもアリです。スルフォラファンも、シチューに溶け込んでいくので、栄養価の高いスープになります。

我が家では、調理の手順に小さな工夫しています。晩ごはんの準備をする際、まずブロッコリーを切って、耐熱皿に入れておくのです。**そして放置。**他の食材を調理が一段落したら、ブロッコリーに岩塩、オリーブオイル、チーズを乗せて、10分ほどグリル。美味しいブロッコリーグリルのでき上がりです。なぜ少し時間を置くかと言うと、ブロッコリーを切った後、一定の時間（約40分）を置くとスルフォラファンの濃度が高くなるから。厳密に40分測っているわけではありませんが、そこはベストではなくベターを積み重ねていけばよいと思っています。

熱々のブロッコリーグリルは、安くてボリュームがあり、美味しくて、それだけでご馳走です。ぜひ、ためてしてみてください。

（3）腸が整えば脳が整う：きのこ（きのこ類）

野菜四天王の3番手は、きのこです。

厳密には、きのこは野菜ではありませんが、ここでは野菜のくくりで紹介します（農林水産省の野菜の定義では、きのこ類は野菜ではなく「特用林産物」に分類されています←受験に出るかも!!）。

きのこは、しめじ、えのき、マイタケなど、スーパーに行けば1年中安価で買うことができる嬉しい食材です。

きのこには、

- **免疫力サポートしてくれるビタミンD、βグルカン**
- **集中力の低下防止、イライラを防止、うつ病の防止のあるビタミンB群**
- **脳の老廃物**アミロイドβ**を抑制してくれるエルゴチオネイン**

などが含まれており、受験生の強い味方です。

ここでは、きのこの持つ食物繊維について注目していきましょう。

食物繊維といえば、腸内環境を整える栄養素として有名です。では、なぜ、腸内環境を整えることが、受験生に役立つのでしょうか。

それは、「腸」の環境が「脳」の環境に密接にかかわっているからです。

便秘気味の方は特に、なかなか大便がでないと、イライラしたり、集中力さがったり、不安になったりと気持ちが不安定になったことを経験したことがあるのではないでしょうか。

近年の研究で、体調をコントロールする「自律神経」、ホルモンを分泌する「内分泌系」、ウイルスや細菌から体を守る「免疫系」などの重要な体内の情報の伝達が、脳と腸の間で活発に行われていることが分かってきました。さらに、国立精神・神経医療研究センターとヤクルト本社の研究で、**腸内の善玉菌が少ない人は、うつ病リスクが3倍高いことが報告されています。**

脳と関係の深い腸内細菌ですが、どれぐらいの量がお腹にいるか想像したことがあるでしょうか。

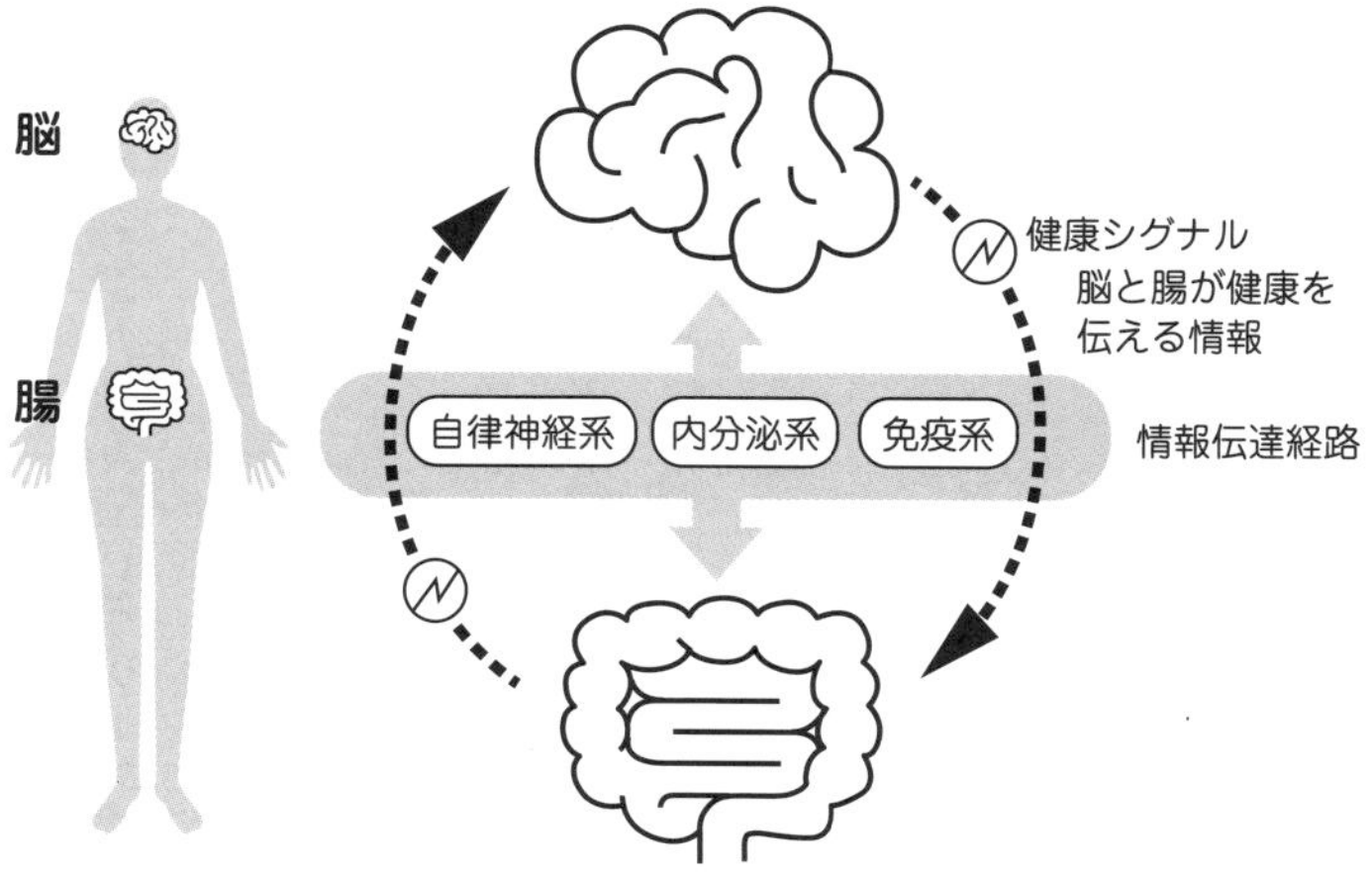

成人ならば、1〜1・5kg。
あなたのお腹には、子猫と同じぐらいの重さの腸内細菌が住んでいるのです！

脳と強い関係のある腸内細菌を味方にするのか、敵に回すのかで、脳の働きにも大きな影響が出てくると思いませんか。

そこで、善玉菌を元気にする上で必要なのが、きのこにたっぷり含まれる食物繊維。食物繊維が、善玉菌たちの良質な食事になり、腸内環境が整う。腸内環境がよくなると、結果として、脳の状態がよくなるということなのです。

では、もし、食物繊維が不足する生活が続くと、腸内はどうなるのでしょうか。

「ただ、便秘気味になる」

それだけでは済まされません！

腸内に食物繊維が送られてこないと、腸内に悪玉菌がはびこるだけでなく、腸内細菌たちは飢餓状態に陥ります。飢餓状態になると、なんと、腸の壁を食べ始め、腸内を荒らしてしまうのです。さらに恐ろしいのは、腸の壁が薄くなると悪玉菌などが体内に流れ込み炎症を引き起こしてしまいます。当然、腸だけではなく体全体の体調が悪くなり、本番当日も踏ん張りが効かなくなってしまいます。

ペットに毎日餌をやるように、観葉植物に水をやるように、腸内細菌にも、毎日食物繊維が必要なのです。

任天堂の国民的ゲームで、スーパーマリオブラザーズというゲームがあります。子ども心に、なぜマリオはきのことるとパワーアップするのか疑問でした。今思うと、きのこの食物繊維で、力をつけていたのかもしれません。

きのこ類は、使い勝手のよい食材です。

味噌汁に入れてもよし。

炊き込みご飯にしてもよし。

しめじ、えのき、マイタケをオリーブオイルでさっと炒め、最後に醤油でざっと味をつけたきのこの3種炒めも簡単で栄養価満点です。

きのこ類は腸⇔脳の環境をベストに保ちたい受験生には力強い味方です。

ぜひ、毎日の食事に加えていきましょう。

(4) 心臓、血管、脳、メンタルの守り神：玉ねぎ（ユリ科）

さて、野菜四天王のトリは、玉ねぎ。

身近な食べ物で、保存も効き、コスパが素晴らしい野菜です。

本書でもたびたび触れていますが、脳のパフォーマンスを維持するには、脳に酸素や栄養を送るためのポンプ役となる心臓のケアが大切。加えて、栄養成分が流れていくためのハイウェイとなる血管のメンテナンスが欠かせません。


心臓や脳に負担がかかる原因の多くは、子どもたちが大好きなファストフード、清涼飲料水、スナック菓子、カップラーメンなどに含まれる、糖質、脂質、塩分など。これらの摂取量が多くなると、血管を固くし、心臓や脳に大きな負担をかけ脳にダメージを蓄積します。受験勉強に頑張る子どもたちにとってはいいことは一つもありません。

そこで、玉ねぎです。

玉ねぎには、ケルセチンという成分が多く含まれています。ケルセチンには、抗酸化、抗炎症、抗圧作用があり、それらが心臓、血管、脳、メンタルを守ってくれます。糖質、脂質、塩分を過剰に摂取している子どもたちにとって、ケルチンを多く含む玉ねぎは、大事な食材です。

近年の研究では、玉ねぎのケルセチンは、認知機能を改善することが続々と報告されています。調査対象は、認知症の高齢者になりますが、玉ねぎのケルセチンを配合した食事を4週間継続したところ、単語などを思い出す「想起機能」の評価点数が良くなることが明らかになりました。日本の受験には記憶力は大きな要素を締めます。これは、食べない理由はありませんね（2015年国立研究開発法人　農業・食品産業技術総合研究機構）。

玉ねぎは、ユリ科に属し、その仲間は、ニラ、長ネギ、にんにくなど。どれも、スーパーで手に入りやすい食材です。

玉ねぎの有効成分ケルセチンは熱に強いので、通常の調理法なら、その効果を大きく損じることはありません。

玉ねぎは、味噌汁に入れても甘みが出て美味しいです。また、オニオンスープを作るときは、ざく切りにした玉ねぎを耐熱容器に入れ、オリーブオイルと岩塩を少々。サランラップをふんわりかけて、電子レンジで10分ほど温めれば、濃厚なオニオンスープができ上がります。

玉ねぎの効果効能をより引き出したい場合は、ブロッコリーと同様、一工夫。**玉ねぎは、切ったあと、30分ほど空気にさらすことで、有効成分をつくり出す酵素が活発化します。**

子どもが勉強を頑張っている分、親御さんも料理にひと手間かけてあげると、子どもの健康をより守っていけます。

受験に必死になっている間、子どもは、目の前のことにいっぱい、いっぱいです。食生活などに気を配れないものです。

数年たち、社会人になり、ようやく親に感謝ができるのです。飛び立つのは、子どもの役割ですが、それをそっと支える風になるのが親の役割かもしれません。**ぜひ、あなたの健康は私が守るからね。あなたは勉強に集中してね。という気持ちで食事を準備していただければと思います。**

敵？ 味方？ 炭水化物の正体とは

たんぱく質、野菜と続き、食事のパートの最後は、炭水化物です。

人体の中でも脳は大量にエネルギーを使います。そのエネルギーになるのが、ご飯やめん類に代表される炭水化物です。食事からの炭水化物が不足すると、人体は筋肉を分解してエネルギーにしようとします。

そのため炭水化物はしっかり食べる必要があります。

一方、過剰な炭水化物は、体の中で中性脂肪に変わり、肥満につながります。「炭水化物抜きダイエット」という言葉も流行りました。ご飯やめん類を全く食べない人も現れるなど、炭水化物を過度に控える動きもあります。

肥満は認知機能を低下させるとも言われている中、受験生はどうやって付き合っていけばよいのか。また、家の食事ではどんな工夫ができるのか。気になることばかりです。

こんな疑問に答えていくのがこの項目です。

「炭水化物と付き合い方を知っている、知らない」とでは子どもの未来に大きな差がつきます。

子どもたちの脳を守り、集中力をキープし、さらには、免疫力を高めることができる炭水化物の摂取の仕方を紹介していきます。

では、その大前提として、あなたは、「炭水化物の正体」をご存知でしょうか。

糖質＋食物繊維＝炭水化物

つまり、炭水化物ダイエットと言われているものは、炭水化物の「糖質」に着目したダイエットということがわかります。糖質は非常に効率の良いエネルギー源で、脳にとっても必要不可欠な栄養素の一つです。

ただ、気をつけなくてはならないのは、**精製された炭水化物は、食物繊維が少なくなり、限りなく純粋な糖質になっていること。**

糖質は、体内に入ると、瞬間的に血液のなかに溶け込み、一気に脳に届きます。甘いものを食べると、瞬間的に脳は冴え渡るのはこのためなのです。ただ、その代償も大きく、糖質が切れた瞬間にゼンマイが切れたロボットのように集中力は切れてしまいます。

この糖質の乱高下が子どもたちの脳にダメージを与え続け、脳の機能を徐々に低下させていくのです。

認知症が、「脳の糖尿病」と呼ばれるゆえんです。

では、炭水化物を構成するもう一つの要素、食物繊維はどうでしょうか？

食物繊維は栄養学の中では、つい最近まで、「食べ物のカス」というひどい扱いを受けていました。しかし、近年では食物繊維は、免疫力を上げる、脳機能をあげる、集中力をキープさせる効果などなど、その健康効果で一躍ヒーローになっています。

つまり受験生にとっては、炭水化物の中でも、
「食物繊維が多い《リッチ》炭水化物」は味方
「食物繊維が少ない《プア》炭水化物」は敵
ということが見えてきました。

では、次の項目で、どのような炭水化物が「食物繊維リッチ」で、「食物繊維プア」なのか。見ていきましょう。

増やしたい炭水化物、避けたい炭水化物

この表は、受験生、そしてそれを支える保護者たちにセミナーをする際に使用しているものです。

右から説明します。清涼飲料水、缶コーヒー、エナジードリンク、カップラーメンの裏面を見てみると、「炭水化

	増やしたいもの 茶色い炭水化物	減らしたいもの 白い炭水化物	絶対減らしたいもの 見えない炭水化物
食物繊維	リッチ	プア	ほぼゼロ
食事 飲料	玄米、八割そば、 全粒粉パスタ、パン	白米、パン、うどん、 ラーメン	カップラーメン、ジュース、 缶コーヒー、エナジードリンク
吸収	ゆっくり	速い	超速い
体への 反応	集中力の維持 腸内環境≒脳内環境 健全化	瞬間的な覚醒。 後、イライラ、集中力 切れ、強い不安感、 強い眠気	瞬間的な覚醒。後、イライラ、 集中力切れ、強い不安感、 強い眠気

物」と表記されています。中には、炭水化物を分解して、糖質、食物繊維と分けて書いてあるものもあります。

炭水化物というと、頭の中に思い浮かぶのは、白米やめん類です。**しかし、現代社会において、最も気をつけなくてはならない炭水化物は、「見えない炭水化物」なのです。**

見えない炭水化物の特徴は、食物繊維がほぼ削ぎ落とされていることです。そのため、抵抗なく体内に取り込まれ、血管の中を駆け巡ります。そして、脳に到達し、一瞬にして脳内のエネルギーとなり目が覚めるような感覚を味わうことができます。**食品会社では、この「一瞬の満足度を最大化」するために、食物繊維がほとんど削ぎ落とされた炭水化物を配合しているのです。**

しかし、そのエネルギーは一瞬にして消費され、その後、強い倦怠感、眠気、不安、イライラなどを味わうことになります。当然、脳や血管へのダメージも蓄積されていきます。受験生が気分転換に飲むスカッとさわやかな清涼飲料水も、エナジードリンクも、決しておすすめできません。

次は、「白い炭水化物」です。これがおなじみの私たちがイメージするいわゆる炭水化物です。

白米、パン、うどん、ラーメンなどの白い炭水化物は精製されているので、糖質以外の食物繊維やビタミンなども削ぎ落とされてしまっています。

「見えない炭水化物」ほどではありませんが、ほとんどが糖質なので、体内への吸収率が高く、栄養バランスが崩れているのが特徴です。**昼ごはんを食べた後に、耐えきれないような眠気に襲われて、勉強が手につかなくなっている人は、こうした、精製された「白い炭水化物」を食べすぎている可能性があります。**

どうしても白米しか食べられない時は、食べる順番を工夫するとよいでしょう。先に、野菜やたんぱく質などを食べて、最後に、「白い炭水化物」を食べるのです。先に、野菜の食物繊維や、たんぱく質由来の脂成分が胃の中に入ることで、炭水化物≒糖質の吸収が遅くなります。

そして、最後に、増やしたい炭水化物は、玄米、そば、全粒粉パスタ、パンなどです。玄米は、特に、食物繊維だけでなく、ビタミン・ミネラルを豊富に含むスーパーフード。私はそれ程太っていませんが、3食のうち1食を白米から玄米に変えたら、体力はそのままに、体重がさらに、1～2kg減ってびっくりしました。玄米は、随分、食べやすくなりました。特に、水に浸す時間を2時間ほどおいて、炊飯器にある玄米モードを選択すれば、美味しく食べることができます。

一気に変える必要はありません。白米に少しずつ混ぜるなどして、食物繊維リッチな炭水化物にシフトしていきましょう。

集中力を維持する、炭水化物の取り入れ方

前項で、「増やしたい炭水化物」、「減らしたい炭水化物」を紹介しました。ただ、食材を選ぶときの一つの基準にはなりますが、いざ、実行するとなるといかがでしょうか？

玄米、8割そば、全粒粉のパスタやパン……。

確かに、健康には良いと思うけど、甘みの強い白米が好きな子どもたちからは、反発が強そうだな～というのが正直な感想ではないでしょうか。

実際我が家でも、私がよかれと思って一気に、玄米に切り替えたところ、家族の大反発にあってしまいました（涙）。玄米は、炊き方を工夫すればもちもちとして美味しいのですが、それでも食べごたえがあるため、好き嫌いが分かれるところかと思います。かといって、食物繊維が少ない糖質たっぷりの白米を食べ続けるのも、子どもや家族の健康が気になる。

そんな時に、白米の味を損ねることなく、ご飯を炊くときにご飯カップ半分程度、「あるもの」を足すだけで食物繊維リッチなご飯ができるとしたら、手軽でいいと思いませんか？

美味しい、安い、カンタンと、3拍子揃っている食材があります。それが「もち麦」です。

もち麦の食物繊維量はごぼうの2倍、玄米の4倍。精製された白米と比較すると25倍の食物繊維を含みます。また、もち麦の食物繊維には、便通を良くしてくれる不溶性の食物繊維と、腸内細菌のエサになる水溶性食物繊維の両方がバランスよく含まれています。1週間もすると、便通が格段によくなり、もち麦の持つ食物繊維の力に驚くことでしょう。もち麦は、スーパーのお米コーナーでも売っているので手軽に手に入る食材です。

さて、もち麦を混ぜた食物繊維リッチなご飯ですが、特に、意識して食べていただきたい時間帯があります。

それは、朝。

なぜか。朝に取り入れた食物繊維は、セカンドミール効果という働きにより、朝の食事だけではなく、昼食の糖質や脂質の吸収も穏やかにしてくれるから。つまり、ランチに食物繊維リッチな炭水化物を摂ることができなかったとしても、朝に摂取した食物繊維が腸の中でフィルターとして活躍してくれるのです。

受験本番になると、午前中も試験、午後も試験、というのはざらにあるスケジュールです。受験生の子どもたちのお昼は、サラリーマンに混じって立ち食いそばやうどんになることもあります。**そんな時、朝食で食物繊維がリッチなもち麦ご飯を食べていれば、ランチに食物繊維がなくても、午後の試験で眠くなるこ**

とはありません。ぜひ、毎朝のご飯が食物繊維リッチな状態になるように、もち麦プラスの一工夫を加えていきましょう。

噛む回数が増えると、学習効率がアップする！

これまで、たんぱく質、野菜、炭水化物と何を食べればよいのかを重点的に学んできました。今回は、頭がよくなる食べ方について。

「ひと口、30回噛みましょう」この呼びかけ、聞いたことがあると思います。

実際、咀嚼回数を増やすと、学習効率の低下を防ぎ、ストレス軽減効果や脳の活動量の増加、記憶を司る前頭前野の活動量の増加など、脳のパフォーマンスを上げることが分かっています。

でも、実際、自分が1回の食事で何回噛んでいるか数えたことがある人は少ないのではないでしょうか。ましてや子どもの噛む回数など、数えたことがないかもしれません。

私たちの食事は、カレーやシチュー、ラーメン、うどん、菓子パン、などに代表されるように、食べるものが柔らかくなったことで、ほとんど噛まないで、丸呑みができるものが増えてしまいました。受験生にとっては、早くたべることができて、そちらのほうが時短にもなってラク、という考えもあるかもしれません。**しかし、噛む回数を増やすことは、学習効率を上げ、本番力を上げるチャンスに変えることができるとしたら、どうでしょうか。**

歯の下には歯根膜というクッションのような器官があります。試しに今、歯を噛み締めてみてください。軽く噛むだけでも、歯がほんの少し沈み込むのがわかるはずです。このクッション機能が歯根膜の下にある血管を圧縮し、ポンプのように血液を脳に送り込むのです。

ひと噛みで送りこまれる血液の量は約3・5㎖。イメージとしては、小さいスプーン1杯程度。

仮に、ひと口で、30回噛むと考えると、3・5㎖×30回で、約100㎖。栄養ドリンク1本分の血液量です。

血液が送り込まれることで脳は刺激を受けますから、噛めば噛むほど脳は活性化されていきます。勉強の時間を惜しんで、食事をろくに噛まずに、流し込むように食べている受験生と、ひと口30回噛んで、たっぷりの血液を脳に送り込んでいる受験生とでは、自ずと結果は変わっていきそうです。

私は10年間、介護の仕事に携わってきました。

様々な老人ホームを見ていて、噛むことの重要性を痛感したことがありました。通常、老人ホームでは、年齢相応に認知症になり、やがて寝たきりになっていくようになります。

しかし、ある老人ホームでは、入居者の方がずっと元気。記憶力もはっきりしているし、何よりも寝たきりにならない。不思議に思って聞いてみると、その老人ホームでは、やわらかい流動食をやめて、歯ごたえのある玄米を出している、とのこと。はじめは入居者からも文句がでたが、「噛む」という行為をすることで「元気で長生き」が実現できていたのです。噛む筋肉、咬筋を毎日刺激することは、頭にも全身の筋肉にも劇的な影響を与えることを痛感しました。

ひと口ごとに30回を実践するのは、朝の忙しい時間やランチタイムは難しいかもしれません。そんな時は、晩ごはんを食べる時に、「ひと口30回噛むと、脳の血流がよくなって、頭が良くなるらしいよ、やってみようよ」と、お子さんに声をかけてみてください。

30回噛む習慣がつくと、満腹中枢が刺激されるため、腹8分目で満足できます。すると、食後の眠気とも無縁になるので、非常に効率がよいのです。また、食事以外では、脳の血流を増やすためには、ガムを噛む習慣もおすすめです。

学校や家庭の方針もあるので、難しいところですが、家を出てから学校への通学路。または、**学校から塾への移動時間などは、ガムを噛むことで脳の血流をあげて、勉強モードに切り替えるとよいでしょう。**

受験は、合格という栄光の2文字を掴むために、全ての受験生たちが必死で努力をしています。ありとあらゆる機会を見つけて、合格できる可能性を1％でも高く、引き上げていきましょう。

忙しい朝、食欲がない朝の救世主はシリアル

「わかるけど、朝から、そんなに食べられないよ」

「共働きをしているから、朝食の準備まで手がまわらない」

そんな時は、朝ごはんを抜いてしまうよりは、「手抜き朝ごはん」を活用しましょう。

忙しい朝、食欲がない朝の救世主。それは、シリアルです。

シリアルをあまり好ましく思っていない方は、含まれる糖質の量でしょう。

確かに、過去、アメリカから輸入されたシリアルは、糖質が過剰に含まれていたのも事実です。しかし、国内のメーカーでは改良が進み、糖質オフのシリアルが発売されています。

シリアルの魅力はなんと言っても、豊富な食物繊維！

最も評価の高い世界五大医学雑誌の一つ、『ランセット』に掲載された論文では、**人間の寿命に最も寄与する栄養素のナンバーワン1に選ばれたのが、なんと**

食物繊維。数十年前は、「食べ物のカス」という扱いだったのですが、科学的な研究が進み一番の出世頭となりました。

しかし、日本人は、普段の食生活で野菜を食べなくなり、穀物を食べなくなったことで、圧倒的な食物繊維不足に陥っています。

朝、食物繊維をたっぷり含んだシリアルを食べる。また、たんぱく質リッチな牛乳や豆乳をかけて食べるのは、朝、何も食べないよりも数倍、健康効果が高いのです。

シリアルは多くの種類がありますが、グラノーラなどの噛みごたえのあるシリアルがよいでしょう。

グラノーラは、シリアル食品の一種ですが、オーツや麦、玄米、とうもろこしなどを主とした穀物加工品と、ココナッツ、ナッツなどを、砂糖、蜂蜜、メープルなどのシロップを混ぜてオーブンで焼いたもの。バリバリと食べごたえがあるので、噛むことで脳の血行も良くなります。

ちょっと待て！ 6秒立ち止まると脳に悪い食事は避けられる

この項目は、ぜひ、あなたの子どもと一緒に読んでいただきたい内容です。それは、買う前に、一度、商品の「裏面を見る」という方法です。受験本番での合格の確率を1％でも上げるために食事が大切。家の中であれば、食事のマネジメントが可能です。

しかし、問題なのは、コンビニフード。

たまに食べるのであればいいのでしょうが、それが週に2回、3回となるとさすがに心配になりますよね。

しかも、冒頭でも触れたように、ジャンクフードは、「一瞬の満足度」を最大化させるため糖質、塩分、脂質が過剰に含まれています。中毒性がある上に、お腹は膨れて満足度は高い。しかし、本番力を高めたい受験生の脳のパフォーマンスを上げる栄養素は、ほぼゼロ。むしろマイナスです。冷静に考えれば、選択する余地はありません。しかし、**刺激的なパッケージやCMが多いので誘惑も強い。子どもたちも、衝動的に購入しがちです。**

そこで、商品を手に取ったら裏面を見たら、たった6秒、立ち止まるだけで、解決できるノウハウを紹介します。

まず、コーヒーに入れるスティックシュガーは何グラムかご存知でしょうか。大小ありますが、だいたい3gです。

カップラーメン、ジュース、栄養ドリンク、スナック菓子にどれぐらいの砂糖が入っているかを見つける方法です。

一度、知ると、砂糖まみれのジャンクフードを買う頻度が激減するはずです。

ここでは、食物繊維が削ぎ落とされた炭水化物が入っているので、「炭水化物≒糖質」と換算しましょう。

カップラーメン

1　裏面を見る

2　栄養表示を見る

3　「炭水化物＝糖質＋食物繊維」と思い出す

4　「精製された炭水化物≒糖質」と思い出す

5 「スティックシュガーは1本3g」と思い出す
6 「糖質量÷3g」を計算する

すると、スティックシュガーが約20本入っている、糖質まみれのカップラーメンということが分かります。

清涼飲料水

1 裏面を見る
2 栄養表示を見る
3 「炭水化物≒糖質＋食物繊維」と思い出す
4 炭水化物の「量」を確認する
5 「スティックシュガーは1本3g」と思い出す
6 「炭水化物÷3g」を計算する

標準栄養成分表1食(118g)当たり	
エネルギー：	549kcal
たん白質：	12.3g
脂質：	22.3g
炭水化物：	72.7g
ナトリウム：	2.6g
めん・かやく	1.0g
(スープ	1.6g)
ビタミン B_1：	1.28mg
ビタミン B_2：	0.31mg
カルシウム：	147mg

一見、スティックシュガー4本分と錯覚しそうです。しかし、ポイントは100㎖という点。このペットボトルは350㎖なので、スティックシュガーが約14本分溶け込んだジュースということになります。

また、6秒には、意味があります。**人はアドレナリンなどの興奮系ホルモンが爆発したときも、6秒立ち止まると、自然に落ち着くことが分かっています。**魅力的な広告を見てアドレナリンが爆発し衝動的に、カップラーメンや、ジュース、エナジードリンクが欲しくなっても、このたった6秒の動作を入れることで、無自覚で体に悪い物を入れる率を減らすことができるのです。

それでも、どうしても食べたかったら、我慢するほうがストレスは溜まるので

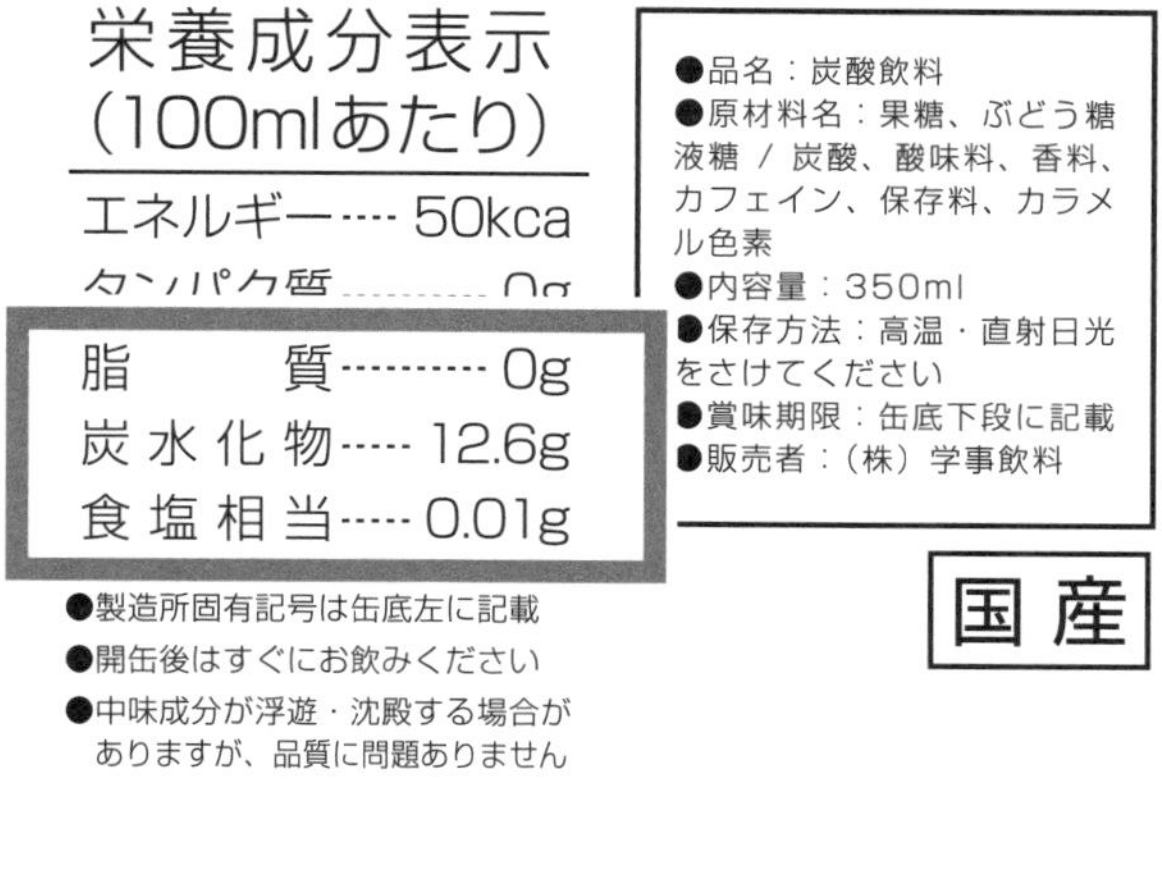
栄養成分表示
(100mlあたり)
エネルギー…… 50kca
タンパク質……… 0g
脂　　質………… 0g
炭水化物…… 12.6g
食塩相当…… 0.01g
●製造所固有記号は缶底左に記載
●開缶後はすぐにお飲みください
●中味成分が浮遊・沈殿する場合がありますが、品質に問題ありません
●品名：炭酸飲料
●原材料名：果糖、ぶどう糖液糖 / 炭酸、酸味料、香料、カフェイン、保存料、カラメル色素
●内容量：350ml
●保存方法：高温・直射日光をさけてください
●賞味期限：缶底下段に記載
●販売者：（株）学事飲料
国産

美味しくいただきましょう。そして、その後、1週間かけてリカバリーしてください。

受験勉強は、合格の確率を1％でも高くする戦いです。キビシイですが、アスリートと同じです。そのためにも、無駄に体力を奪い、健康を地盤沈下させるジャンクフードは、避けることが賢明です。

ヘルシースナッキングのススメ

では、学校から直接、塾に通う受験生は、何を食べればよいのでしょうか。

おやつ、補食、間食、軽食、さまざまな表現があります。ここでは、「健康的な間食」という意味を込めて、ヘルシースナッキングと呼びます。ポイントは、**3食で補えきれない栄養を補っていくという考え方です。**

成長期の子どもは、体格やホルモンバランスなどの関係もあり、3度の食事を常に100％摂ることはできません。体調によっては残してしまうこともあるでしょうし、元々、少食な子どももいることでしょう。

3度の間に、軽い食事をとり、栄養を補給していくことは、正しい戦略なのです。特に、学校が15時に終わり、17時から塾が始まるケースもあれば、19～21時の授業に出るケースもあることでしょう。そんなときは、ヘルシースナッキングが力を発揮します。

もし、ご家庭に、時間の余裕があれば、おにぎりとゆで卵を持たせてあげてください。

今年、娘さんが見事、東京大学に進学した藤山さんは、子どもが塾のときは、できるだけ、手作りのおにぎりを持たせていたと言います。そのおにぎりのメニューを教えてもらうと、栄養学的にも理にかなっているものばかり！

定番は、ちりめんじゃこや、チーズ、おかか、シーチキンマヨネーズなどを具材としたおにぎり。そして、余裕がある時は、大葉、枝豆、ちりめんじゃこ、梅干し、ごまを混ぜたおにぎり。また、たんぱく質の補給に、おにぎりの横に卵焼きを添える。取材中、聞いているだけでお腹が空いてきました。

おにぎりなどは、すぐにエネルギーになる炭水化物。ちりめんじゃこやシーチキンはたんぱく質もさることながら、脳の栄養になるＤＨＡを含みます。チーズは精神を落ち着けるカルシウムがたっぷり。ブレインフードと呼ばれる卵は、体をつくるたんぱく質、脳の神経伝達物質をサポートするコリンが豊富です。大葉や枝豆、ごまなどは脳を守る抗酸化作用が豊富。さらに食物繊維も多いので、血糖値を上げづらく、集中力をキープするにも最適です。成長期の受験生を応援する超ヘルシースナッキングです。さすがですね。

３人の子どもを持つ、病院に務める山田さんは、「お腹が減った状態では何かをさせない」と断言していました。エネルギーが不足すると、集中力が低下するだけでなく、筋肉が分解されてしまうからです。

どんなヘルシースナッキングをしているのか、聞くと、バナナ一本、牛乳、チーズ、鮭のおにぎり、あんぱんなどを準備している、とのこと。他にも、果物、魚肉ソーセージや、無塩のアーモンドナッツなどもよいですね。

ヘルシースナッキングのポイントは、炭水化物だけではなく「たんぱく質」や

「食物繊維」がリッチに含まれていること。

コンビニスイーツなどの、ほぼ糖質、ほぼ脂質の食材は、瞬間的なエネルギー源となります。しかし、その吸収ははやすぎる反面、エネルギー切れになると、急に集中力が下がり、体が重くなります。

塾に行く前のヘルシースナッキングは、戦略的なチョイスを行っていきましょう。

夜、小腹が空いた時は？

夜中は胃腸も休む時間帯。

夜遅くの食事はなるべく控えたいもの。とはいえ、夜、勉強をしている時に、「お腹が空きすぎて集中力が続かない」ということもありますね。

そんな時に、おすすめなのがココア。ココアを一杯摂取することで「認知機能の一部である記憶力や判断力に関する機能を一時的に維持・増進すること」が、ヒト試験において認められています（「薬理と治療」２０１９年47巻10号）

ココアには、カカオフラバノールというポリフェノールが豊富に含まれています。この成分が、記憶力や判断力に関する機能や、視覚記憶や反応速度を維持・増進してくれるのです。さらに、ココアには、抗インフルエンザウイルス効果もあるので、受験生にはピッタリ。

次の章で、睡眠について触れますが、1時間でも早く寝ることが受験生にとっては大切です。しかし、夜、どうしても、もうひと踏ん張りが必要なときは、ホットココアで乗り切ってください。

受験生を持つお母さん直伝！時短カンタン栄養満点レシピ

「本番前、ギリギリになって慌てて準備しても、うまくいかないんです」

本書を執筆する上で、第一志望に進学した子どもを持つご家庭30組以上に取材しました。その中でも、2人の娘さんがそれぞれバレリーナ、バイオリニストの道を進んだ大谷さまのお話は、受験生を持つすべての親が参考になるはずです。

「バレリーナもバイオリニストも、本番の連続。その中でも大きな舞台での本番を迎える上では、ギリギリになって準備しても絶対にうまくいかないことが分かっています。親として心がけたことは、1週間前には体と心をベストコンディションに仕上げ、その状態を維持する、ということ。受験や試験で受かったとしても、心が死んでしまっては意味がありません。
そして、どれだけ大きな舞台・試験であろうとも、本番日を親も子も安心して楽しんで迎えられるようにすることに注力しました。

そして、食事面では、本番前日でも、気合を入れた料理ではなく、『いつもと同じ料理』を心がけました。気合の入った料理を作ると、子どもが余計なプレッシャーを感じてしまいます。いつもの料理が子どもの安心感につながるのです」

大谷さまをはじめ、受験生を育ててきたお母さま、お父さまから、時短レシピを教えていただきました。皆さん、口を揃えて言うのが、**「いかに栄養満点で、手間をはぶくかが勝負！」**ぜひ参考にしてください。

(1) 頭がよくなる! かぼちゃおにぎり(レシピ提供:藤山さま)

[準備]

かぼちゃ、塩、ごはん

[作り方]

かぼちゃを食べられる大きさにカット/耐熱容器に入れて、適当量の塩を絡め、ラップをかけて電子レンジで加熱(かぼちゃが食べられるようになるまで、様子を見ながら加熱)/加熱できたかぼちゃをご飯に混ぜ込み、おにぎりをつくる

[水野から一言]

かぼちゃには、βカロテンという免疫を維持する成分、さらに、ルテインという視力や脳機能を維持する上でも欠かせない成分が豊富に入っています。これを食べやすいおにぎりにして塾に行く子どもに持たせているとのこと。

かぼちゃのおにぎりは初めて聞きましたが、実際にやってみると美味しいし、栄養価も高い。目からうろこの一品です。

（2）圧力鍋1分！　栄養満点、時短スープ（レシピ提供：大谷さま）

［材料］

骨付き鶏肉、冷蔵庫にある野菜なんでも！（たまねぎ、人参、キャベツ、トマトなど）

塩、酢、ブイヨン

［作り方］

野菜を食べやすい大きさに切り、圧力鍋で1分加熱。放置。食材からよい出汁がでるので、必要に応じて、塩、ブイヨン、粉チーズなどで味を整える。

［水野から一言］

骨付きの鶏肉に、少量の酢を加えるだけで、骨からカルシウムやコラーゲンが溶け出します。さらに、野菜は生で食べることも大切ですが、加熱することで消化にもよく、野菜の栄養素（ビタミン・フィトケミカル・食物繊維）を効率的に取り入れることができます。大谷さまも働いているので、圧力鍋を活用した素晴らしい時短レシピですね。

③ぺろりと食べちゃう、ジューシーチキンハム（レシピ提供：福本さま）

［材料］

鶏のむね肉、にんにくチューブ、塩、胡椒

［作り方］

鶏のむね肉に、にんにくチューブや、塩コショウをもみ揉む／ジップロックに入れる／水を張ったお鍋に入れる／水から茹でて、沸騰したら火を切る／そのまま30分ほど放置し予熱調理／ジップロックの中の肉汁がピンクから、透明に変わったら完成

［食べ方］

熱々のままそのまま皿にもっても、冷蔵庫に入れて、翌朝ハムにして出してもＯＫ

［水野から］

熱々のうちに出すと、ジューシーで柔らかく、娘さんも鶏のむね肉を一枚、ぺろりと食べてしまうそうです。鶏のむね肉には、1枚あたりたんぱく質が約25g入っています。しかも疲労回復成分のイミダゾールジ

ペプチドがたっぷり。成長期のお子さんがもりもり食べる姿は親としても安心できますね。

(4) 酔っぱらい鶏（レシピ提供：澤本さま）

[準備]
　鶏のむね肉、日本酒（料理酒）

[作り方]
　水に日本酒を適量入れる／鶏のむね肉を水から茹でる／沸騰したら火を切る／そのまま30分ほど放置、予熱調理

[食べ方]
　そのまま皿にもってもOK／割いてサラダに乗せてもOK

[水野から一言]
　澤本さまのお宅では、鶏のむね肉を小鉢に入れて出したり、他の料理に乗せたりしてとにかくよく登場させるとのこと。お子様がスイミングをされていることもあり、効果的に体力をつける上でも、疲労回復をす

る上でも考えられた料理ですね。

※その他のレシピや受験生へのサプリメントについて、学事出版のホームページで公開しています。ぜひ、「本番力」で検索してみてください。

3章

記憶と
体調に直結
「睡眠力」

睡眠が成績を左右する

「一番大切なのは、睡眠だよ、睡眠！」

これは、私の高校時代の同級生で、20年のキャリアを持つ中学校のベテラン教師の言葉です。彼に、「健康と成績」の視点からアドバイスをお願いしたら、睡眠不足に陥っている生徒の様子をこう伝えています。

「SNSや無料動画サイトに夢中になると、寝る時間が短くなる。すると、朝起きても、ぼんやりしているため朝ごはんが入らない。寝不足だから、学校に来ても午前中の授業ではうつらうつら眠そうにしている。朝ごはんを食べていないので、昼時にはお腹ペコペコ。給食は、よく噛まず胃に流し込むように食べる。すると満腹になって、午後の授業も眠くなる。当然、勉強についていけなくなる。勉強に苦手意識ができる。自己肯定感も下がって、同級生の人間関係もうまくいかなくなるんだ」

また、15年のキャリアを持つベテラン塾講師に、同テーマで話を聞くと「食事はある程度、成績に反映するまで時間がかかるかもしれない。しかし、健康習慣において、**最も早く成果を出そうとするなら、睡眠。**睡眠をしっかりとっている生徒は、とにかく覚えが早い。逆に、寝不足の子どもは、集中力がなく、勉強が積み上がっていかない」と答えてくれたのです。

受験生は、試験本番が近づいてくると睡眠時間を削って勉強に向かいがちです。気持ちはよく分かります。しかし、この習慣は、一日も早く断ち切る必要があります。**睡眠不足は、勉強効率を下げ、成績を下げてしまう**からです。

3000人を超えるアメリカの中高生を対象とした、「成績と睡眠時間」にかかわる有名な調査があります。

この調査で分かったことは、成績の良い生徒は睡眠時間が長い。成績が低迷している生徒は、夜ふかしをして睡眠時間が短い。実に明確です。

中学生や高校生は体力があるため、徹夜しても、大人のように体にこたえるということは少ないかもしれません。しかし、一見、普通に見える状態でも、睡眠不足は脳内のパフォーマンスを下げ、学習効率に悪影響を与えているのです。

受験生向けに、「睡眠力のセミナー」を開催すると、一番質問が上がるのが、「翌朝、頭がスッキリする睡眠方法を知りたい」というものです。

話を聞くと、

● **勉強したい気持ちはある。だけど、頭がいつもぼーっとしている**

● **夜眠れない、途中で起きてしまう**

● **朝起きても、頭や体に疲れが残っている**

まるで、日本のサラリーマンのような答えが返ってきます。

中には、「寝なくても大丈夫」という子どももいます。ナポレオンのような「自称」ショートスリーパーです。ところが、ショートスリーパーは10万人に一人程度。あるアメリカの睡眠の研究者は「ショートスリーパーの出現率は、人が一生の間に雷に打たれる確率より低い」と言っています。例外中の例外と考えてよいでしょう。

「睡眠時間が短くても大丈夫」といっている人も、実は、親からもらった健康貯金で睡眠不足をごまかしながら乗り切っている、というのが現実なのです。そして、どこかで睡眠を無駄な時間だと思っているところがあります。

頭がぼーっとする状態をBrain Fog（脳内の霧）と言いますが、この状態は、集中力が続かず、記憶力も低下しているので、勉強している本人が一番キツイはずです。

睡眠時間が6時間未満だと、注意力、判断力、感情のコントロールができなくなります。さらに、起床から17時間を超えると、日本酒1〜2合を飲んだ時と同程度に脳機能は低下します。仮に、朝7時に起きたのであれば、夜22時以降は、酔っ払った状態で勉強をしているようなものなのです。

受験生を持つ保護者向けに『睡眠力』のセミナーを行った時に、ある保護者からいただいた感想をそのまま紹介します。

水野先生のご講義、とても面白く、また勉強になることばかりでお話を聴かせていただけて本当に良かったです。ありがとうございました。私事で大変恐縮なのですが、今年の春、上の子が高校受験で志望していた公立高校に落ちてしまいました。落ちた高校は第2希望の高校だったので、受験当日の実力が足りていなかったと言われればその通りなのですが……。

「まさか、どうして」という思いでいっぱいでした。今日の水野先生のお話を聞いて、まだ少しわだかまりのあった自分の気持ちに、答えが見つかったような気がしました。

「睡眠不足は頭の良さを地盤沈下させる」「合格力を上げるには睡眠が必要」のお話を聴いて、本当にその通りだと思いました。土台の体力がぐらついている上に勉強を詰め込んでも、学習力や本番力には実力を発揮できないんですね。

受験の時期、子どもも、きっと、いっぱいいっぱいになっていたと思います。心技体の土台部分の体が安定していなくて、受験と闘える体力が消耗されていたように思います。

「寝る時間、起きる時間の固定化」を改めて最重要と認識し、今日からしっかりと睡眠をとるなどの生活習慣の見直しをしていこうと思います。

高校受験には良い結果を出せませんでしたが、大学受験に向けて頑張りたいと思います。最後にお話しして下さった「食事」のお話もとても興味深く勉強になりました。秋のセミナーを、今からとても楽しみにしております。今日はとても貴重な、そして、ためになるお話をたくさん聴かせていただいて本当にありがとうございました。

今までは、気力と学力で乗り切る時代でした。しかし、これからは、堅牢な健康力を土台に、気力、学力を充実させ、本番力を上げていく時代です。

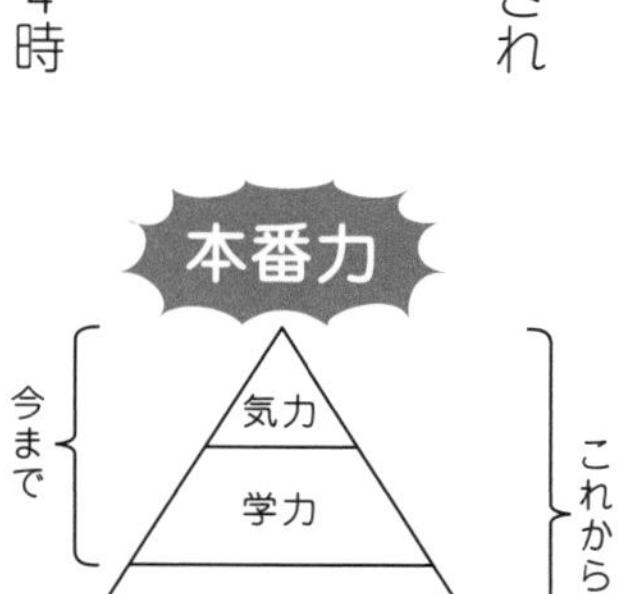

本章では、睡眠の質を高めるための科学的に証明された公式を紹介します。

睡眠時間は、8＞7＞6

かつて、「4当5落」という言葉がありました。「4時間睡眠は合格、5時間睡眠は不合格」という、古くからある受験界の言葉です。
しかし私は、受験生を抱える保護者、受験生に

睡眠の長さ

● ベストは、8時間以上
● ベターは、7時間
● 絶対にNGは、6時間以下

と伝えています。本番力は、気力と学力だけではなく健康力がセットで、その健康力を支える三本柱の一つが、睡眠だからです。
次のようなデータがあります。

その1：実は皆、潜在的な睡眠不足

数年前、国内の研究機関で、20代男性を集めて「2週間、好きなだけ寝てもいい」という実験が行われました。すると、初日はみんな喜んで10時間以上寝るものの、その後は徐々に落ち着き、最終的にはほとんどの人が8時間半前後の睡眠で安定する、という結果になりました。

実験前の平均睡眠時間は7時間20分程度。

被験者は、皆、「睡眠は十分にとっている」と思っていたにもかかわらず、実は潜在的に睡眠が不足していたわけです。

そして、8時間睡眠を10日以上続けた後に血液検査を行ったところ、血糖値が減少し、ストレス反応も低下しました。これらの結果から、最低でも7時間、できれば8時間程度の睡眠が適正であることが分かりました。

その2：寝ている生徒のほうが、成績が良い

さらに、広島県教育委員会が調査した睡眠時間と各教科の平均正答率を見ると、**8時間睡眠が最も正答率が良くなっている**ことが分かりました。

その3：必要と考えられている人間の年齢別睡眠時間

アメリカの睡眠研究は世界トップクラスです。米国国立睡眠財団によると、我々現代人は、ほとんどの年齢で必要とする睡眠時間を下回っていることがわかりました。

だけど、それは理想であって、受験生にはそんなに長く寝てられないよ、という声も聞こえてきそうです。ここで、記憶力、免疫力、脳のパフォーマンスの側面からも睡眠の重要性を見ていきましょう。

(1) 睡眠中に短期記憶は、長期記憶に移行する

ハーバード大学医学部睡眠医学科のスティックゴールド博士は、新しい知識を定着させるためには、覚えたその日に最低でも6時間以上眠ることの必要性を説いています。

徹夜で詰め込んだ記憶は、早ければ翌日、長くても2、3日のうちに消えてしまいます。この経験は誰にもあることでしょう。6時間以上の十分な睡眠をとることにより、その日に新たに覚えた記憶は整理整頓され、脳の中の大脳皮質という大容量のストレージに格納され、長く定着します。これは、睡眠を経て、短期記憶から長期記憶に移行するため、「記憶の二段階プロセス」と呼ばれます。

つまり、**睡眠時間が6時間未満だと、英単語を新しく覚えたと思っても、金魚すくいで「すくっては、金魚に逃げられる」を繰り返している状態。**6時間以上

睡眠をとることにより、すくった金魚（英単語）を金魚鉢という大きな容器に移し替えることができるのです。

大脳皮質という脳のクラウドに学んだ知識が長期保存されていることが本番での武器となります。

(2) 睡眠力が免疫力を高める

免疫力と睡眠は、深い関係があります。

睡眠ホルモンとして知られているメラトニンは、ストレスによる免疫力の下がってしまうのを抑え、感染症に対する抵抗力を高めるなど様々な効果を持っています。このメラトニンは、繊細で、睡眠時間が短くなると十分に分泌されず、免疫力が下がってしまいます。実際に、睡眠時間と風邪をひく率は6時間と7時間では5倍、7時間と8時間では3倍違ってきます。

私の高校時代の友人は、アメリカのエモリー大学病院で救命救急医として新型コロナウイルス感染患者対応の最前線に立っています。彼女にCovid-19のようなウイルスと共存していく時代、うがい・手洗い以外に何をしたらいいのだろう？　と、質問をしたことがありました。答えは、一言、**睡眠。**新型コロナ感染予防としても、罹患した患者にも、1分1秒長く睡眠をとるように指導しているとのことでした。

（3）脳にたまった老廃物は、睡眠中に洗い流される

人間が日中、脳をフル回転で活動させている代償として、アミロイドβという老廃物がでます。この老廃物が脳のパフォーマンスを下げ、蓄積すると物忘れが多くなり、認知症になるのです。**この脳の老廃物は、睡眠不足になるほど、たまっていきます。**この老廃物は、日中でも少しずつ排出されますが、十分ではありません。ところが、睡眠中に、脳内に脳髄液が大量に流れ込み、洗濯するようにこの老廃物を排出してくれるのです（グリンパティック・システム）。その威力は、日中の10倍以上！

睡眠という脳の洗濯時間は、短いと汚れが残りますが、時間をかければ汚れはしっかりと洗い流されます。朝起きた時に、「頭がスッキリした状態」を作るためには、6時間の洗濯時間では不十分。8時間睡眠が好ましいのです。

こう考えていくと、6時間未満の睡眠では、せっかく覚えたものも定着せず、脳内には老廃物がたまるばかり。7時間睡眠だと、ウイルスや細菌の抵抗力も低く、潜在的な睡眠不足を抱えた状態。8時間睡眠だと、自然に起床ができ、体内のストレスレベルが最低値になる状態。

これらのことから、**睡眠時間は、8＞7＞6**なのです。

睡眠時間を削って、日中ぼーっとし、勉強効率が上がらないのであれば、今のスタイルを早急に変え、8時間睡眠を確保する必要があります。

阪神タイガースで活躍した野球選手、赤星憲広さんがこんな言葉を残しています。「スポーツ選手は、寝ることもトレーニングだ」

受験生にとっても、**寝ることは受験対策の一環**なのです。

睡眠の敵、ブルーライトとの付き合い方

ブルーライトが睡眠を妨げる、ということを一度ならず聞いたことがあることでしょう。ブルーライトとは、テレビ、パソコン、タブレット、スマホから絶え間なく発信されている太陽と同じ波長の光のことです。**スムーズな睡眠に必要な誘眠ホルモンである「メラトニン」は、ブルーライトが苦手です。**

夜に、このブルーライトが目に入ることによって、メラトニンの生成が抑制され、脳は朝だと勘違いしてますます覚醒していきます。夜にブルーライトを浴びることは、「目からエスプレッソを流し込むようなもの」と言われる所以です。

理想としては、就寝2時間ぐらい前からブルーライトを発する機器から離れ始め、ブルーライトデトックスを始めたいものです。

しかし、教科書やノートがタブレットやPCに置き換わりつつある中、令和の受験生はブルーライトを発する機器から離れるのが難しいという現実もあります。

ただ、ブルーライトを浴び続けることは、睡眠の質、ひいては本番力を低下させることに繋がるため、「無防備」であるのは避けたいところです。

そこで、対策としては2つ。

（1）ブルーライトカット対策ツールの活用

杏林大学医学部精神神経科学教室の古賀博士による研究で、寝る前に「ブルーライトカット機能」をもつメガネをかけて作業していたグループと、いつも通りブルーライトを裸眼で見ていたグループを比較したところ、「ブルーライトカット機能」メガネをかけていたほうが、スムーズに眠りにつけ、途中起きることがなく、朝、スッキリ起きられた。つまり、睡眠の質が高かったことが報告されています。

ブルーライトカットメガネは、度付きであっても、比較的安くつくることができます。また、パソコンやスマホ、タブレットにブルーライトカットシートを貼るのもオススメです。

ただ、くれぐれも勘違いしてはいけないのは、ブルーライトカットメガネや、ブルーライトカットシートを貼ったから、睡眠時間を削って勉強していいのではない、ということ。

（2）サプリメントの活用

「ルテイン・ゼアキサンチン」という成分が含まれたサプリメントが販売されています。ルテイン・ゼアキサンチンは、目の黄斑部に存在しています。黄斑部は眼球で最も光が集まる場所であり、視力を支えている非常に重要な部位です。**ルテイン・ゼアキサンチンが持つ強力な抗酸化作用は、黄斑部をブルーライトなどの「光ダメージ」から目を守る働きがあり天然のサングラスとも表現されます。**

この成分が入ったサプリメントをオススメする理由には、ルテイン・ゼアキサンチンが目を守るだけではなく、近年の研究では、脳の血流を促進し認知機能を高め、さらに、睡眠の質を高めることが分かってきているからです。

令和の受験生は、人類史上最大レベルでブルーライトを浴び、脳を酷使し、睡眠時間が短くなっています。目、脳、精神にも大きな負担がかかっています。ルテイン・ゼアキサンチンは、一石三鳥をねらえる栄養素なのです。

ルテイン・ゼアキサンチンを含む野菜には、ほうれん草、パプリカ、ケールなどがあります。普段の食事の中で、積極的に食べることも習慣にしましょう。しかし、そうは言っても毎日は難しいという現実もあります。そんな時は、サプリメントも上手に活用することをオススメします。

ムーミンの登場人物、スナフキンは次のような言葉を残しています。

「眠っているときは、休んでいるときだ。また元気を取り戻すために」

受験という本番で、気力や学力を思う存分発揮するには、健康力という土台が必要不可欠です。健康力を支える大黒柱は、元気を取り戻すための睡眠なのです。

睡眠の質を高める入浴3原則

「睡眠の質」は、世界中で研究が行われているホットなテーマです。

テキサス大学とカリフォルニア大学が共同で、5000を超える「睡眠の質」の研究を再評価したところ、「睡眠の質と入浴の質」に、大きな相関関係があることが分かりました。

さて、あなたの子どもは、シャワーでさっと済ませるタイプでしょうか。それとも、ゆっくりお風呂に浸かるタイプでしょうか。

受験を控えた子どもたちに、入浴スタイルについて聞くと、6割はシャワーでさっと済ませる傾向にあります。大阪市の進学塾の塾長に話を聞いても、「湯船に浸かって入浴をしている家の少なさに驚かされる」とのこと。

シャワーで済ます理由は、「お風呂に入っている時間が惜しい」「まだ覚えていないことがたくさんある」というもの。気持ちはよくわかります。ただ、「夜は、よく眠れている?」「朝は、疲れは取れている?」と質問すると、皆、一斉に首を横に振ります。

受験生たちは、朝起きると、脳と体を目覚めさせ、ギアを上げてフル回転させていきます。その過程で自律神経にスイッチが入り、交感神経が活発になっていっています。反対に夜には、自律神経のスイッチは休息モードの副交感神経に切り替わっていきます。

しかし、受験生の中には夜も交感神経が高ぶっていて、心も体も緊張状態で「眼がさえて寝付けない」という人が多いようです。ONからOFFへの切り替えがうまくいかなくなっているのです。

車のエンジンをTOPギアから、徐々に下げていき、ガレージに入る時は徐行運転に切り替えていくように、自律神経をＯＮからＯＦＦへのスムーズな切り替えが必要です。

その**自律神経の切り替えスイッチになるのが、入浴**なのです。

質の良い睡眠とは、

1　スムーズに眠りにつけ

2　途中で起きることなく

3　朝、活力に満ちて起きられる　ことを指します。

ここでは、質の良い睡眠を叶える「**入浴の3原則**」について紹介します。

原則１：**就寝の90分以上前に入浴を終えておくこと。**

原則２：**湯船の温度は、40℃前後で、少しぬるいかなと言う程度**

原則３：**湯船にゆっくり10～15分つかる**

通常、私たちの血液は、約１分間で全身を１周すると言われています。

しかし、勉強机に座りっぱなしの状態では、血流が悪くなるのは想像に難くありません。ゆっくりとお風呂に浸かることで、血液は勢いよく循環します。そして、体の深部までじっくり温まります。**深部体温が上がることで、ヒートショックプロテインという特殊なたんぱく質が生まれ、高い疲労回復効果をもたらしてくれます。**もし、上記の「入浴3原則」を実行しても眠れない方は、入浴剤を活用してみてください。

炭酸ガスを発する入浴剤を活用した場合、深部体温の上がり方が大きくなり、就寝時に寝つくまでの時間が短くなることが分かっています。私も、毎晩、入浴剤を入れることで疲れを洗い流し、スムーズな睡眠をとっています。

受験生にとっての勝負は、日中勉強している時、どれだけクリアな脳の状態を保てるか。

そして、その**「仕込み」は、前日の夜の「睡眠」**にかかっています。

質の良い入浴をして、質の良い睡眠、質のよい脳の状態を作るのです。

部屋の温度「夜は涼しく、朝は暖かく」

「体温サイクル」という言葉を聞いたことがあるでしょうか。

私たちの体温は、自律神経と連動して日中は高く、交感神経が優位なONの状態。夜間は低く、副交感神経が優位なOFFの状態というリズムを刻んでいます。**このONとOFFの切り替えが上手な人が、日中、活力に満ちて、集中力が継続できる人なのです。**前項で紹介した入浴法は、この体温サイクルを活用したものなのです。

40℃くらいの温湯に10分ほど入浴すると、体温が約1度上がります。その後、約90~120分かけて、火照った体から熱が放射され、急激に体温が下がります。この過程で、自律神経がONからOFFへ切り替わっていくために、眠気を生じやすくなるのです。質のよい睡眠をとっている人は、このお膳立てを上手に習慣にしているのです。

さて、今回は、その体温サイクルをさらに効果的に活用するための、室内温度の設定についてです。ポイントは、寝室は、夜は涼しく、朝は暖かく。

(1) 夜は涼しく

結論からいうと、夜の室内温度は「少し、涼しい」くらいがおすすめです。外気が下がり、「体温が下がると眠くなること」は感覚的に理解できるのではないでしょうか。

ちょっと極端な例ですが、熊は冬になると活動を停止して冬眠します。また、**雪山で遭難した登山者が体温を奪われて、眠気に襲われるのも同じ原理。体温の低下でカラダは「ON」から「OFF」に、「活動」から「休息」に切り替わっていくのです。**

お風呂に入って体温を上げた後、さらに体温をスムーズに下げていくためにも、室内温度に気を配りスムーズに眠れる環境を整えましょう。もし寝室にエアコンがないケースは、熱がこもらないような通気性の良い敷布団などを1枚入れるだけでも、睡眠の質は格段に変わってきます。積極的に活用していきましょう。

（2）朝は暖かく

寝室のエアコンは朝までつけっぱなしがよいのか、と言えば、そうではありません。冒頭に触れた「体温サイクル」を思い出してください。夜は体温を低く保ち、朝から昼にかけて体温を上げていく必要があります。人間の体温がもっとも低くなるのは、朝の5時頃と言われています。**心地よい目覚めは、最下点まで行った体温が、どれだけスムーズにV字回復して体温を上げていけるかにかかっているのです。**受験生の多くは、勉強に向かいっぱなしなので、体温を上げる筋力が低下しているため、朝は体温がうまく上がりません。ましてや、秋冬の季節は、冷え込むため、体温を上げづらいのです。そこで、エアコンのタイマー機能です。朝目覚めたい時間の15分ほど前から、寝室が暖かくなるようにセットしておくのです。エアコンのタイマー機能は、寝る前に涼しく、朝は暖かくなるよう、1回セットしてしまえば、それで終わりです。自律神経の切り替え、「夜ぐっすり、朝すっきり」を作る、先導役になります。

ノートルダム清心学園の理事長・渡辺和子シスター（1927～2016）は、

「時間の使い方は、そのまま命の使い方になる」と話されています。
朝の自然な目覚めは、その日一日のクオリティを決定づけます。

朝のクオリティは、一日のクオリティ。
一日のクオリティは、受験勉強のクオリティです。

睡眠の儀式として、アイマスクを活用する

私は、企業や進学塾で定期的に「本番力を高める睡眠術」をテーマに講師をしています。一番、受講者に興味を引いたのは、アイマスクの活用でした。

アイマスクの活用は、カンタンです。寝室に入ったら、スマホ、タブレットなどは潔く手放す。その変わりに、アイマスクをして横になる、これだけです。

眠気を誘う睡眠ホルモン・メラトニンは、光が大の苦手。アイマスクをすることで、真っ暗になり、睡眠ホルモンがスムーズに分泌されるのです。

実際に、アイマスクを活用して睡眠の質を高めている受験生らの話を聞くと、

「アイマスクを習慣にしていたら、アイマスクをするとすぐに眠れるようになった」

「アイマスクをすると、目の周りがポカポカして、目の疲れが取れる」

「本番当日もスッキリした頭で迎えることができた」

と嬉しいコメントをいただきました。


私も仕事や講演で、日本全国、時にはアジア圏の大学まで出かけています。当然、毎回ホテルが変わり、寝付けないことがたびたびありました。ところが、寝る前のこのアイマスク習慣をしてから、環境が変わってもスムーズに眠ることができるようになったのです。

アイマスクの効用について、私が主宰する健康マネジメントスクールの顧問、眼科医の大原先生に話を聞くと、「目と脳は関係性がとても強く、記憶の8割は目を通して入ってきます。また、目は脳が飛び出た器官とも表現されるほど。アイマスクをして目の周りの筋力をほぐすことは、緊張している脳を効果的に休めることにつながり、ひいては質の高い睡眠につながります。また、パブロフの犬と同じ効果『アイマスク＝睡眠』と体が覚えてしまっていることはとてもいいことですね」とのこと。

アイマスクの中でも、いろいろ試してみた結果、私がおすすめしているものは、目だけではなく、耳まですっぽり隠れるタイプです。

このタイプだと、「光を完全に遮断できる」「目の周りを温め緊張をほぐす」「雑音が入らなくなる」と睡眠の環境を整える効果が高いのです。

中には、アイマスクの耳にかける「ひも」が気になってしまうという意見もありました。**そんな時は、手ぬぐいを目の上から耳にかけてのせるだけでも同様の効果があります。**

ベッドに入ったら、潔く、スマホを切って、アイマスクをつける。アイマスクをすると、ぐっすり眠れるというリズムを作る。

この習慣ができると、普段の睡眠の質も高まり、試験の前日もぐっすり眠れるようになります。

どうしても眠れないときは、手帳を開く

お風呂もゆっくり入った。ブルーライト対策もばっちり。寝室の室温もセットした。アイマスクも準備した。

それでも「眠れない」ということがあるかもしれません。気になることが頭の中でぐるぐると巡ってしまうのです。そんな時は、ベッドからさっと起きて、手帳を取り出しましょう。そして、「明日やること」をリストアップしていくのです。

睡眠についての有名な研究は、米国ベイラー大学の心理学者マイケル・スカリン氏の研究です。その研究で、1日を振り返り、「今日、やったこと」を書いた場合に対し、**「次の日、やること」を書いた場合のほうが、約10分眠りにつくのが早くなり、途中で目覚める回数も少なかった、という結果が出されています。**

夜、ベッドに横たわっているにもかかわらず、頭の中をぐるぐると思考がめぐ

り、「あれもできていない」「これもできていない」と考え、不安になって眠れなくなることは誰しも経験があるはずです。

ツァイガルニク効果とも呼ばれますが、人は達成できたことよりも、達成できなかったことのほうをよく覚えている。人は「完了」させたことよりも「未完了」のことを想起しやすいという性質があります。そのため、「明日やること」のリストを書くことで、脳内でぐるぐると考えることをいったん停止させる効果があるのです。もし思考がめぐって眠れないときは、そのまま時間を過ごすほうがメンタルにもよくありません。

切り替えて、手帳に、「明日やること」を書き出す。脳内の興奮が収まっていきます。すると、「やるべきことを淡々とやっていくだけ」と冷静になれて、ストレスレベルも下がっていきます。

時間にしてものの5分。ぜひ試してみてください。

寝る時間と起きる時間を固定する

７カ条の最後は、「寝る時間と起きる時間」の2点を固定するということです。

受験生の話を聞いていると、「平日は、夜遅くまで勉強し、朝は保護者に叩き起こしてもらう。休日は、昼近くまで寝だめをし、午後から勉強する」というスタイルが多いようです。

しかし、「休みの日に寝坊をして寝だめする」は、体内リズムを狂わせ、かえって勉強のリズムが崩れる原因になります。

時差がたった1時間あるだけでも、体の調子は、なかなか戻りません。時差と隣り合わせの生活をしている飛行機のパイロットですが、**1時間の時差を戻すのに1日の時間が必要**ということが分かっています。

一般的に人間は、朝、太陽の光を見ることで、体内時計を司る視交叉上核という器官が刺激されます。すると、体内の生体リズムが整い、早寝・早起きがスムーズにできるようになるのです。

ところが、平日であれば登校のために否応なく浴びていた午前中の太陽光を、週末は寝だめのために浴びることができないと、リズムが一気に崩れてしまうのです。

月曜日の朝に「体がだるくてしんどい」「つらくて起きられない」と感じるのも当然。

これを繰り返していくと、

●平日は、睡眠時間が極端に、短い

●休日は、睡眠時間が極端に、長い

●体内時計が乱れる

●翌週のパフォーマンスが下がる

●心と体に疲労が蓄積した状態で、入試本番を迎えることになる

というマイナスのスパイラルに吸い込まれていきます。

6万9519人の日本人社会人を（平均年齢40歳）を対象とした調査ですが、日常生活の中での時差ぼけが2時間あると病欠が増え、風邪にかかりやすくなることが分かっています。

オリンピックアスリートたちが常に試合本番と同じタイムスケジュールで一日

を過ごすようにしているのは、寝る時間と、起きる時間が固定されていることが、体調を崩すリスクが少なく、パフォーマンスが高くなることが分かっているからです。

平成31年に文科省が実施した全国学力・学習状況調査の結果を見ても、寝る時間と起きる時間が固定されている生徒が一番成績がよいのです。

マイナスのスパイラルから脱却するにはどうすればいいでしょうか？

次の3Ｓｔｅｐにトライしてみてください。

（1）記録をとる

まずは、現状の把握です。月曜日から、日曜日まで、1週間の入眠時間と起床時間を記録してみましょう。このことにより、自分の生活スタイルがどれだけ「時差ボケ」を引き起こしているのかを把握することができます。**脳はメトロノームを刻むような生活リズムを好む**ことを考えると、見直すきっかけになるはずです。

(2) 分散する

乱れた睡眠スタイルをいきなり、理想の8時間睡眠に切り替えるのは難しいかもしれません。次にやることは、平日の睡眠時間と、休日の睡眠時間をすべて合計して、7で割ることです。すると、平日の睡眠時間をあと何分増やせば、平準化できるかが見えてきます。まずは、平日と休日の眠時間と起床時間を揃えることから始めてみましょう。

(3) 伸ばす

平日と休日の眠時間と起床時間が揃ったら、睡眠時間を伸ばし、平均8時間にチャレンジしましょう。コツは、いつもよりも1時間早く寝ることです。

南海、ヤクルト、阪神、楽天の監督を歴任した野村克也氏は、**「勝ちに不思議の勝ちあり、負けに不思議の負けなし」**という言葉を残しています。受験も同じです。受験を成功させるのが、「勉強」と「生活習慣」の両輪であるならば、両方、もしくは、どちらかの輪が外れていた時に、負けの確率が高まるのです。

平日、学校、塾と忙しい受験生は「週末ぐらい、もう少し寝たい」というのが正直なところでしょう。

それでも、朝は、いつも起きている時間と同じに起き、太陽の光の恩恵に預かる。そして、昼食の後に30分ほど、昼寝をするよう、子どもに提案してください。

そうすれば、体内時計のリズムを崩すことなく、睡眠の満足度。疲労回復も実感できるはずです。

【スタートアップ3カ条】

朝、スッキリ起きたら、さらに、1日のクオリティを高める習慣を「スタートアップ3カ条」としてまとめました。

「善因善果」、1日の質を高めるために、戦略的に良い種を植えていくことが大切です。

朝一番の宝水習慣

1つ目は、**朝起きたら5分以内に水を飲む習慣**です。朝の水は、「宝水」と言われるほど、脳と体にプラスに働きます。

(1) 脳を潤す

人は寝ている間に、放熱とともにコップ1杯分の汗をかきます。さらに、起きてすぐにトイレに行き、コップ1杯分の排尿をします。

つまり、朝はペットボトル約1本分の水分が抜けた状態。体の中の水分は、血液として栄養素や酸素を運ぶ、代謝によって生じた老廃物を集め体外へ排出する、汗をかくことによって体温を調整するなど、様々な働きを担っています。1日のうち、血液から最も水分が抜けているのが、朝。通常、サラサラな小川のような血液が、ヘドロようにドロドロの状態になっています。朝は手足や内臓だけではなく、脳も脱水気味で萎縮しているのです。まず、**朝起きたら、5分以内にコップ一杯の水を飲んで脱水状態を解消しましょう。**そこからは、朝ごはんを食べながら、徐々に水分を補っていけば大丈夫です。

逆に、朝、ぎりぎりまで寝ていて、朝ごはんはおろか、水も飲まずに学校に飛び出していくのは、勉強どころか、健康リスクを引き起こし兼ねません。子どもには、コップ一杯の水をごくごく飲むことから、スタートさせましょう。

(2) 水分が成績を上げる

朝のコップ一杯の水が、脳や体の脱水状態を解消するだけではなく、成績を上げるとしたら、もっと水分をとりたくなりませんか。

ひと昔前のスポーツの世界では、運動中に水分をとることは悪とされていました。しかし、様々な実験によって、体内から水分が減れば減るほど運動能力が低下することが判明しました。今では、あらゆる運動選手がパフォーマンスをあげるために、積極的に水分補給をしています。

イースト・ロンドン大学では447人の学生を対象に、試験前に水分をとった学生のほうが成績が良いことに着目し、水分と成績の調査をはじめました。すると、**知的作業に集中する前に0・5ℓの水を飲んだ学生は、飲まなかった学生と比べて、14％反応時間が速くなることが分かりました。**

また、ドイツ国内の5学年と6学年（10〜12歳）で250名の生徒に学校生活の中で、「水分摂取と記憶力」の興味深い実験が行われました。

生徒を4分割して、水分の摂取量を500㎖ごとに分類。0・5ℓ未満、0・5〜1・0ℓ未満、1・0〜1・5ℓ未満、1・5ℓ以上と分けたところ、**水分摂取量を増やすと、子どもの記憶力が向上したことを報告しています。**

（「Water Consumption during a School Day and Children's Short-Term Cognitive Performance: The CogniDROP Randomized Intervention Trial」。〔Nutrients. 2020 May 2;12（5）〕）

たかが水分と思いがちですが、人体に与える影響は大きく、体から水分が抜ける率が、1％で喉が渇き、2％だとめまいやぼんやりしたり、集中力や思考力が低下したりすることが分かっています。水分が認知機能に与える影響は思いのほか大きいのです。

体を含め、脳が潤った状態で一日をスタートさせることは、その日のパフォーマンスを決定づけます。

朝起きたら、5分以内に、まずコップ1杯の水を飲む、宝水習慣を子どもだけでなく家族で始めてみませんか。

朝の光が、子どもの心をストレスから守る

あなたの子どもは、朝、パチっと目が覚めているでしょうか。それとも、歯を磨いても、顔を洗っても、ぼーっとした様子でしょうか。

太陽の光を浴びると、眠気が一気に解消され、頭が良くなる効果があります。

（1）朝の太陽光が眠気を吹き飛ばす

私たちの睡眠を司るメラトニンというホルモンは、体内時計に働きかけ、夜は、眠りをいざなう作用があります。メラトニンには、朝、太陽の光を浴びると、分泌がピタリと止まるという性質があります。ところが、夜、ブルーライトを浴び

たり、平日の徹夜、週末の寝溜めをしたりと、生活リズムが乱れていると、この調節がうまくできなくなります。

そこで有効なのが、朝の太陽の光を浴びる習慣です。

光の強さは「ルクス」という単位で表現されます。家の中での蛍光灯による照明の明るさは、一般的には200〜250ルクス程度。ところが、太陽の光はたとえ曇っている日でも約4倍の1000ルクス以上になります。つまり、曇り空の日であっても、**朝起きたら、いったん外に出て太陽の光を浴びることが、眠気ホルモンを断ち切り、体内時計を整える有効な方法なのです。**

さらに、メラトニンは、朝、太陽の光を浴びると分泌がいったんストップされ、約16時間後に再度、分泌されるという性質があります。例えば、朝7時に起きて太陽の光を浴びると、夜の23時には睡眠ホルモンのメラトニンがどっと分泌されるというリズムができあがります。

つまり、朝、ベランダなど一度外に出て太陽の光を浴びることとは、朝の眠気を断ち切り、夜の快眠を準備するための大切な儀式なのです。

朝、太陽の光を浴びることが、一日のリズムを刻み始めるきっかけとなり、ひいては、質の高い睡眠につながると考えてください。

（2）太陽の光を浴びると、メンタルが守られる

睡眠ホルモン・メラトニンとセットで覚えてほしいのが、活力ホルモン・セロトニン。**セロトニンは、精神の安定、安心感、脳を活発に動かす上で欠かせない重要な脳内物質です。セロトニンが不足すると精神のバランスが崩れ、イライラや暴力的になり、うつ病を発症する原因ともなります。**そして、このセロトニンは、日光を浴びることで、脳内からスムーズに分泌させることができるのです。朝の太陽の光を浴びることは、子どもをストレスから守る盾を授かるようなもの。子どもだけでなく、家族の精神状態を良くするためにも、朝起きたら太陽の光を浴びませんか。

（3）太陽の光を浴びると、頭がよくなる

シナプスは、脳の神経細胞同士をつなぎ合わせる役割を持ちます。この脳内神経のネットワークが密であればあるほど、頭の回転が早くなります。そのシナプ

スが作られる上で欠かせないのが、ビタミンDです。

ビタミンDは、鮭やさば、しらす、魚類からも取ることができます。しかし、太陽の光をたっぷり浴びることで、体内から無料で作り出すことができるのです。シナプスをスムーズに形成する上でも、朝、たっぷり太陽の光を浴びましょう。

受験生は、ともすると家の中で1日過ごしてしまう人も多いようです。しかし、朝、太陽の光を浴びることで、朝の眠気を断つことができ、メンタルを守り、シナプスの形成をサポートしてくれることも期待でき、いいことばかり。

この習慣を1週間も続けると、体調が明らかに変わり、「朝スッキリ、夜ぐっすり」を体感できるはずです。

時間にして、ものの数分。これで、朝のスタートが気持ちよく切れるのですから、これほどコスパのよい習慣はありません。保護者は、朝起きたら、家のカーテンをまず開ける。部屋の中に太陽の光を入れる。

そして、子どもにも自らカーテンを開ける習慣をつけるとよいでしょう。

どんどん暗記できる！　夜と朝のサンドイッチ学習法

暗記が苦手な人も多いと思いますが、私もその一人です。より効率的に暗記できる方法があるとしたら、当然知りたくなります。

今回紹介する方法は、某大手学習塾塾長、ふくもとさわこ先生にアドバイスをいただいたものです。ふくもと先生は『頭がよくなる朝15分学習法』の著者で、娘さんを東大に進学させ、のべ5万人以上の子どもたちを指導してきた実績をお持ちです。その経験と健康マネジメントを組み合わせた学習法です。

実は、暗記には適した「時間帯」が存在します。ベストの時間帯は、「寝る前」です。記憶したものを定着させるには、睡眠というプロセスが必要不可欠だからです。そして、記憶を定着させるポイントがもう一つ。

それが、ふくもと先生が推奨し、目覚ましい結果を上げている**「朝ごはん前の15分学習」**です。

Step1　暗記ものは、寝る前にまとめて覚える

暗記ものは、寝る前、だいたい60分を目処に時間を区切ってやりましょう。時間を区切ることで、集中力が高まります。逆に、睡眠時間を削ればいいや、と考えて、締め切りをつけないと、集中力が低下し効率は悪くなるばかり。

Step2　アイマスクをしてすぐに寝る

暗記をしたあとは、スマートフォンを触ることは避けてください。「覚える↓寝る↓記憶を定着させる」の一連をセットにすることがポイントです。寝室に入ったら、潔くスマートフォンをシャットダウン。そして、アイマスクをつけてください。暗記した知識がこぼれないように、アイマスクでふたをするイメージです。

Step3　朝ごはん前に15分、昨晩の復習をする

朝起きたら、トイレに行く。顔を洗う。コップ一杯の水飲む。光を浴びる。

一連のルーティンが終わったら、朝ごはんを食べる前に、15分だけ時間をとり、昨晩、寝る前に暗記した事柄を復習します。

この、夜の暗記・朝の復習をセットで学ぶサンドイッチ学習法には、科学的根拠があるのです。

ドイツの心理学者、ヘルマン・エビングハウスの発表した「エビングハウスの忘却曲線」というものを聞いたことがあるでしょうか。

エビングハウスは、無意味な音節を記憶し、時間と共にどれだけ忘れるかを数値化しました。

そこで出た結果は、次の頁の通りです。

人が何かを学んだ時、
20分後には42％忘れる
1時間後には56％忘れる
9時間後には64％忘れる
1日後には67％忘れる
2日後には72％忘れる
6日後には75％忘れる
31日後には79％忘れる

それにしてもエビングハウスの忘却曲線を見ると、学習するのがうんざりしますね（笑）。

では、どのように勉強したら学習効率が上がるかを見ていきましょう。

エビングハウスの忘却曲線

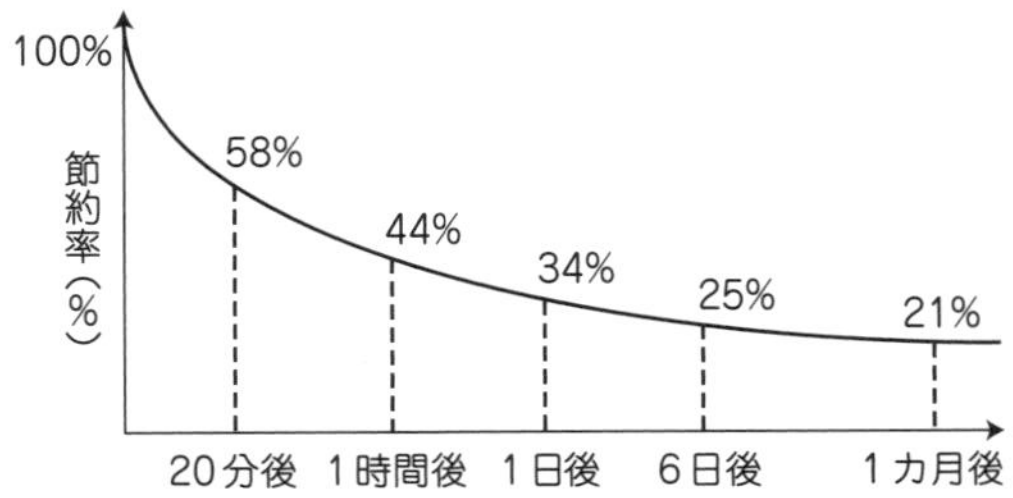

カナダのウォータールー大学の研究結果です。

黒い線は、暗記した時点をピークとした**忘却曲線**です。では、どう復習したら知識をしっかりと記憶させられるのでしょうか。

まず、暗記した後、青い線を見てみましょう。**24時間以内に10分間の復習をします。すると、記憶率は100％に戻ります。次の復習は、1週間以内に、たった5分間ですが、そうすれば記憶はよみがえるのです。**

この原理を組み合わせたのが、**「夜と朝のサンドイッチ学習法」**。

夜、暗記したら、すぐ寝る。

朝、起きたら、すぐ復習する。

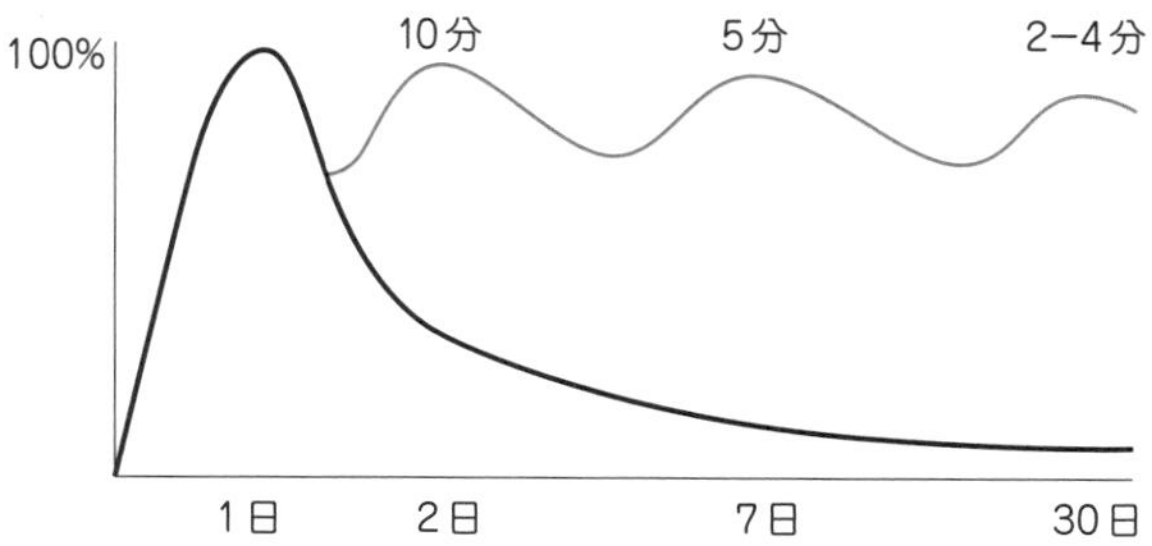

このサイクルをセットにするとスムーズに記憶が定着できるようになります。

スマホに支配されると、生活と成績は一気に崩れる

「うちでは、子どもたちがデジタル機器を使う時間を制限している」

誰の言葉だと思いますか？　なんとアップル社の創業者で、iPhoneを作ったスティーブ・ジョブズの言葉です。

スマホは、間違いなく便利な道具ですが、ＳＮＳやゲームなどにハマってしまうと、勉強だけでなく生活リズムや家庭内の人間関係も損なう可能性を知っていたからでしょう。

あなたの子どもはスマホとうまく付き合えていますか？

福岡で塾を展開しているＮ塾長にご協力いただきました。３００名を超える中学生にスマホの利用状況を調査したところ、

- **自分専用のスマホを持っている中学生は、75・4％**
- **スマホをいつでも自由に自分の意思で使える中学生は、64・1％**

●普段よく使用するアプリTOP3

You Tube 80・3％、SNS 79・9％、ゲーム 57・9％

という結果が出ました。福岡が、日本の中堅都市ということを考えると、この結果の数値は、全国の平均値に近いのではないでしょうか。

また、塾長に話を伺うと、SNSの利点と課題点を強く感じると言われていました。

「子どもたちはSNS上でグループを作り、コミュニケーションを活発にすることで、すぐに仲良くなる。このスピードは見ていて驚くほど。オンライン時代に適応するその柔軟さに驚かされる。一方で、課題となるのは、そのコミュニケーションのスピードの速さと活発さ。**少し目を離すと、メッセージが何十件と溜まってしまう。するど、スマホが気になって仕方なくなってしまう。**ただでさえ受験シーズンは、学校から塾に通うだけでも精神的にも体力的にも負荷がかかる。その時期に、SNSのメッセージを返信することに気を取られ、睡眠不足に陥っていて、生徒は塾に来てもウトウトしている。学力を伸ばすには、最終的には、睡眠時間を確保した上で、勉強時間をいかに確保できるか。そのためには、

SNSに時間を割いている生徒は、やはり心配になる」

ある家庭では、スマホをめぐり、かなりのバトルに発展しました。子どもは友達とのSNSのやりとりや動画にハマってしまったため、夜遅くまでスマホを手放さない。深夜1時2時まで起きていて、朝は完全に寝不足状態。時には、リビングのソファーで寝てしまっていた時も。朝ごはんも食べないで学校に行く。ある時、ちょっとしたきっかけで、いたずら画像が学校中に拡散してしまい、大きなトラブルに発展。スマホを取り上げようとすると、保護者に向かって声を荒らげる。

完全に**スマホが子どもの既得権益**になってしまったのです。

保護者の話を聞いていくと、女子はSNSに、男子はゲームにハマっていく傾向があるようです。また、兵庫県の某大手塾の塾長は、受験シーズンに「スマホの呪縛」にかかった生徒は、スマホがとにかく手放せない。ピコンと通知音が鳴るたびに、集中力が下がってしまっていると言います。

スマホが脳に与えるダメージに警鐘を鳴らした、世界的ベストセラーの『スマホ脳』（アンデシュ・ハンセン著、新潮新書）には、次のような記載があります。

●私たちは1日に、2600回以上、スマホを触っている。
●ポケットにスマホを入れておくだけで、学習効果は著しく低下する。
●成長期、思春期の子どもたちにとってのスマホは、集中力を下げる、不眠になる、うつ病のリスクがあがる、人間関係が悪くなる、人生の満足度を下げる。

ハンセン氏が学生を対象に行った調査で判明したのは、「スマホを触っていると、学校の成績に影響を与えている気がする、と本人も自覚しているのに、手放せない」という点でした。

では、スマホと程よい距離を保ち、勉強にも集中できている家庭はどのような取り組みをしているのでしょうか。次の5点を明確にしていることがわかりました。

【スマホ取り扱い5カ条】

（1）所有者の明確化

スマホの料金を支払っているのは保護者。つまり、**スマホは保護者のもの。**「子どもはスマホをレンタルしている立場」ということを**事前に明確にしている。**

（2）スタンスの明確化

仮に同級生が、スマホを無制限に使っていたとしても、うちはうち。他の家庭のスタンスは関係ないことを明確にしている。

（3）ゴールの明確化

スマホは優れた道具。調べ物をしたり、勉強をしたり、連絡を取り合ったりするのは全く問題ない。しかし、道具に振り回されてしまってしまう状態は理想ではない。

あえて「スマホの制限はしなかった家庭」を紹介します。

檜垣さんの家では、**「今は、第一志望の学校に向けて頑張る時期。何に集中し**

たほうがよいかよく考えて」と伝えることで、スマホはリビングで触る程度。見事、第一志望高校に合格。

藤山さんの家では、娘さんと向かい合い、目を見て**「今は大切な時期。スマホに気を取られて、自分の人生を後悔するようなだけはないように。使う時間、場所は自分でしっかり考えてね」**と伝えたと言います。娘さんは、使う時間、使わない時間をしっかりコントロールし、現役で東大理3に合格。

（4）使用条件の明確化（時間・場所・時間帯など）

中学生だと、使用場所はリビングのみ。自分の部屋にはスマホは持っていかないこと。1日2時間、夜22時以降は使用制限など。

高校生だと、使用場所は自由にするが、使用は1日3時間に制限など。

（5）返却条件の明確化

どういう状態になると、スマホを保護者に返却するのかを「事前に」明確にしている。スマホが気になって生活リズムが崩れている状態、勉強に集中できない状態と「保護者が」判断した時は、いったん返却する。

また、多くの家庭を取材して、興味深いことがわかりました。

それは、受験シーズンに突入すると、「子どもが自らスマホを保護者に返しに来る」ということです。**子どもも「スマホやSNSが身近にあると集中力が下がる。今は勉強に集中する時期だ」とわかっているのです。**

改めて、スマホは、優れた道具です。勉強にも役立ちます。しかし、睡眠時間を短くし、生活リズム全体を狂わせる可能性も秘めています。車を運転するには、教習所というある程度の制限の中でまず練習します。公道に出る際も、いざとなったら教官が制御できる環境で試運転をします。スマホも同じです。

スマホとの付き合い方について、家族でぜひ話し合ってみてください。

4章

本番力を上げる「運動力」

机にかじりついている受験生ほど、効率が悪い

「今は、運動不足なんて言っている場合じゃない！」

受験シーズンの鬼気迫る状況の中では、受験生からも、保護者からも、そんな声が聞こえてきそうです。

受験が間近になると、土曜日、日曜日も朝から晩まで机にかじりついて、過去問と戦う日々が始まります。

すると、**受験生は、外出時間も削るような極端な運動不足の状態に陥ります。**

しかし、机にかじりついた長時間の勉強自体が脳の精度を下げているとしたら？

米国マサチューセッツ総合病院や英国ヘリオットワット大学の研究では、「ウォーキングの習慣がある人は、脳の記憶領域を最大で2％拡張したが、座ったまま過ごしたグループは、逆に1％収縮した」と報告されています。

特に受験生は、体を動かす時間が少なくなります。

すると血液やリンパのめぐりが悪くなり、結果として脳機能が低下するのです。

座ったままの長時間の勉強は、42・195kmを走るフルマラソンのランナーが給水所で水もとらず、脱水状態で走り続けるようなもの。

完走できるわけありません。

脳の回転を維持するコツは、小まめに休憩を取り、軽く体を動かすこと。

脳に血流をめぐらせることが、勉強効率を上げるコツなのです。

フランクリンコビー博士の著書『7つの習慣』には、次のような逸話が出てきます。

森の中で木を倒すために一生懸命にノコギリを使っている〝きこり〟に出会ったとしよう。

「何をしているんですか」とあなたは訊く。

すると「見れば分かるだろう」と、無愛想な返事が返ってくる。

「この木を倒そうとしているんだ」

「すごく疲れているようですが……。いつからやっているんですか」あなたは大声で尋ねる。

「かれこれもう5時間だ。クタクタさ。大変な作業だよ」

「それじゃ、少し休んで、ついでにそのノコギリの刃を研いだらどうですか。そうすれば仕事がもっと早く片づくと思いますけど」あなたはアドバイスをする。

「刃を研いでいる暇なんてないさ。切るだけで精一杯だ」と強く言い返す。


「アクティブレスト」とは、疲労時にあえて軽く体を動かすことで血流を改善させ、疲労物質を効率的に排出させる休養方法です。「安静・休養・睡眠」などの消極的休養（パッシブレスト）に対して、「積極的休養」とも呼ばれています。

受験本番を迎え、1分1秒を争う中、運動どころではない状況になるはよくわかります。しかし、土日など、図書館や塾の自習室にこもる時も、少なくとも1時間に数分。1日10分間は、「セルフ体育時間」の時間割をスケジュールに入れることをお勧めします。

ここでは脳に血流をたっぷり送り込む、簡単で効果の高い運動を紹介します。

脳に血流を大量に送り込もう

高校受験を控えた中学3年生になると、学校の授業以外に平日で3～4時間。休日で6～8時間の勉強が当たり前になります。

学校の授業が平均で5時間と考えると、長時間、「座りっぱなしの状態」が固定されることになります。

これは、日本のデスクワークをしているビジネスパーソンよりも長いかもしれません。

新型コロナウイルスで全世界的がステイホームになった時に、WHOがまっさきに警告したのは、「座りっぱなしのリスク」でした。座る時間が長くほとんど体を動かさないことは、Sedentary Life style と呼ばれ、世界中の研究機関から警鐘が鳴らされています。

全米がん協会（ACS）の研究では、座っている時間がトータルで6時間以上の男性は、1日3時間の男性に比べて全死因の死亡率が20％、女性では40％高くなることが報告されています。さらに、その研究の中に、1時間の座りっぱなしは、22分寿命を縮める、肥満になる、うつ症状、認知症を悪化させるという研究もあります。

WHOは、身体活動と座りがちな行動に関するガイドライン（WHO sedentary behaviour guidelines）として、少なくとも1時間に1回は、立ち上がり軽い運動をすることを推奨しています。

では、なぜ、これほどまでに健康リスクが高まるのでしょうか。

人間には、**頭も体も「使わないと、衰える」**という法則があります。

そしてこれは、**血管にも当てはまります。**
血管は伸びたり縮んだりして全身に血液を巡らせる仕組みです。座りっぱなしだと、血管はほとんど動かないので、使わない血管は、乾燥したマカロニのようにカチコチの状態に近づいていきます。すると、血管の伸縮がなくなり、脳には血流が届きづらくなり、心臓にその負荷が余分にかかるようになります。

では、**受験勉強のピーク時でも、脳に血流を送るには、どうすればいいのでしょうか。**

まず、おススメしたいのは、下半身のストレッチ、屈伸ストレッチ運動です。**場所も時間もとらないストレッチですが、ふくらはぎと太ももを大きく動かすことできます。すると、ポンプ作用で下半身に溜まった血液やリンパ液を猛然と循環させ、脳にも血流を行き渡らせてくれます。**

やり方はカンタン。
50分でアラームをセットし、まずは、勉強に集中。

そして、アラームが鳴ったら、立ち上がる。

●足のかかとをしっかり地面につけて、やや足を開いて立ちます。

●膝に手を当てて、膝がぐらつかないように固定します。

●ゆっくり膝を曲げていきます。

●反動をつけないでゆっくり膝を伸ばし、ふくらはぎや太ももの筋肉を伸ばします。

この動作を10～15回繰り返します。

どんなにゆっくりやっても、ものの1分です。

これであれば、**時間の負担も、心理的な負担も、肉体的な負担も少ない**のではないでしょうか。

時間と気持ちに余裕があれば、もう少し積極的に体を動かしてみましょう。

（1）始めに深くしゃがみます。目線は斜め前あたり。
（2）腕は後ろ。
（3）腕を前に振りながら一気に腕と体を上に伸ばします。

これを数回繰り返してください。

たった1分ですが、屈伸運動をさらに手の反動をつけて、伸び上がるだけで、体がポカポカして全身に血流が巡っていることを感じられます。これは、人目がある場所では難しいかもしれませんが、短時間で血流を改善できるので私も重宝しています。

50分ごとに、必ず立ち上がる。
下半身に溜まっている血流をポンプ作用で、強制的に巡らせる。

小事に思えることですが、勉強のパフォーマンスを保つためには、脳の血流が滞らないことが肝なのです。

記憶力を上げ、メンタルを守る有酸素運動

自転車は、ランニング、ジョギングと並ぶ効果的な有酸素運動です。

ランニングも素晴らしい有酸素運動です。しかし、着替えたり、汗だくになったりすることを考えると、時間と心理的なハードルが高いという課題があります。

対して、**自転車は、大量に風に当たることで、汗はすぐに気化します。また、大量に酸素を吸い込むことで、爽快感を感じられ、高いリフレッシュ効果を得ることができます。**

さらに、リフレッシュ効果以外にも2つのメリットがあります。

(1) 記憶力が向上する

　自転車の良いところは、たった10分でも筋肉量の多い下半身をしっかり動かすことができます。すると、筋肉を動かすことで血行がよくなり、多くの酸素が脳に運ばれ、脳細胞が増えるのです。実際、有酸素運動を続けると、記憶を司る「海馬」と、集中力や思考力といった重要な司令を出す「前頭葉」が活性化することが多数の研究で分かっています。筑波大学の研究では、**有酸素運動を10分間しただけで、その直後の記憶力が向上する**ことが分かっています。

(2) メンタルを守ることができる

　さらに、有酸素運動をすることで、精神の安定に欠かせないセロトニンも分泌されます。2019年に米国ハーバード大学の研究チームは、**1日10分間の有酸素運動で、メンタルが落ち込むリスクが12%減らすことができる**ことを報告しています。

つまり、**自転車で有酸素運動をすると、記憶力を上げ、メンタルを守ることができる**のです。

リフレッシュの有酸素運動に割く時間は、たった10分間程度ですが、それでも、「その10分間を勉強にあてたい」と思う方もいるかもしれません。

スペインにはこんなことわざがあります。

「忙しすぎて自分の健康を管理できない人は、忙しすぎて自分の道具を管理できない整備士のようなものだ」

パソコンやスマートフォンも、長時間使用し、アプリを開きすぎると動きが遅くなることがあります。OSに負荷がかかりすぎて処理速度が低下してしまうのです。そんな時は、一旦立ち止まり、再起動させてメモリを最適化しているはずです。経験からその方法がパフォーマンスを上げることを知っているからです。

肝臓に休肝日が必要なように、脳にも意図的に休ませる時間が必要です。

令和に生きる子どもたちにとって、人生100年時代は、人類史上最長の長距離走です。

その過程で、体やメンタルを壊してしまうと、それ以降、ずっと影響を与え続けます。

本番力を構成する気力、学力、健康力は、日本古来から受け継がれてきた、心技体と呼応しています。成果を出す三要素をまんべんなく底上げしていくことが、ポイントです。

受験シーズンこそ、根を詰めがちです。

フリーズしてしまう前に、脳というOSを定期的に再起動させることが、パフォーマンスを保ち続けるコツなのです。

3分間、お気に入りの音楽を聞きながら、トランポリン！

大分県別府市で整理収納アドバイザーとして活躍する藤原家の長女、Rさんは見事、第一志望高校に合格しました。藤原さんに、**「運動不足になりがちな受験シーズン、どのように工夫していましたか？」と、取材したところ、気分転換にK-POPを聞きながらトランポリンで5分ほどジャンプをしていた**そうです。

トランポリン!?と驚かれる方もいらっしゃるかと思います。実は、このトランポリン、短時間で、リフレッシュする上で、理にかなっているのです。

NASAの発表によると、トランポリンでの5分間ジャンプの運動量は、約1キロのジョギングにあたります。

トランポリンの上下運動には日頃から重力により下半身に溜まりやすい、リンパ液と血液の流れを促進する効果があるといわれています。

アマゾンで「家庭用トランポリン」で検索してみると、それほど高くなく、1万円以内。静音で、しかも折りたたみもできる。さっそく購入してみました。

実際に、試してみると、たった1分程度でも、サラダドレッシングを思いっきりシェイクするかのように、座りっぱなしで下半身に沈殿した血液がギュンギュン全身に駆け巡るのが分かります。そして、普段使っていない筋肉が刺激され、心地よい運動になるのです。

さすが、第一志望に合格する家庭は、費用対効果の高い投資をしていると、私も勉強になりました。

そうはいっても、トランポリンを家に置くのはちょっと……という方もいるかもしれません。

そこで、私の友人で筋活アドバイザーとして全国的に活躍されている星野光一さんから短時間でできるリフレッシュ法のアドバイスをいただきました。星野さんは、受験生たちに運動習慣を通してパフォーマンスを上げることを提唱されて

いる方です。「去年も面倒を見ていた受験生が志望校の神戸大学に合格したんですよ」と満面の笑みで教えてくれました。

1つは、縄跳び。

縄跳びは、たった10分程度ですが、30分のランニングに相当する運動量になります。10分と言わず、3分間の縄跳びだけでも、運動不足の受験生には、心理的な負担の少ない適度な運動になるはずです。

もう一つは、星野さんが「自発的貧乏ゆすり」と名付けた血流促進法。

勉強しながら意識的に貧乏ゆすりをすることで、全身に血液をめぐらす最高の方法とのこと。「自転車も、トランポリンも、縄跳びもハードルが高い」という方も、これならできるのではないでしょうか。

集中力が切れてきた、眠たくなってきた時にぜひやってみてください。

受験というのは、思いのほか、体力勝負の側面があります。

学校で約5時間の勉強、そのあと、塾で2～3時間、帰宅後にさらに勉強の日々、各講習会、模試などへの参加。受験生活はまさにウルトラマラソンです。

さらに、秋冬は、空気が乾燥し、免疫力が低下し、最も風邪やインフルエンザにかかりやすい時期になります。

1年間を俯瞰してみた時に、勉強だけではなく、体力の有無が勝敗を分ける大きな要素になることが見えてくるはずです。

トランポリンであれば、1万円程度。

縄跳びは、100円程度（百円均一ショップで手に入ります）。

貧乏ゆすりはゼロ円です。

そして、投資する時間も、1日数分程度。

これで、リフレッシュができて、体力がつくのであれば、やらない選択肢はありません。

弓なり体側ストレッチで、肋骨の間隔を広げて、酸素を蓄える

「勉強に夢中になると、呼吸が浅くなっていることってない？」

と受験生に質問すると、一斉に「あるある！」と返事が返ってきます。

そうなのです。

勉強に集中すると、前傾姿勢になり、肺は圧迫されます。構造上、どうしても、呼吸が浅くなります。時には、「息をすることを忘れていた」という受験生もいます。

脳は、人体の中でも、全身酸素消費量の約20～25％にあたる酸素を消費する器官。受験生は、縮こまってしまった上半身を伸ばし、常にフレッシュな酸素を脳に送れる状態にしたいものです。

上半身のストレッチで思い浮かぶのは、ラジオ体操でする「体側ストレッチ」。通常の状態であれば、この体側ストレッチで十分に有効です。

しかし、受験生は、長時間、座りっぱなしの状態。下半身のみならず、上半身もカチコチです。

今回は、ラジオ体操の「体側ストレッチ」に一工夫して、呼吸が驚くほど楽になる体側ストレッチを紹介します。名付けて、「弓なり体側ストレッチ」。やり方はカンタンです。

- 立った状態で、足を肩幅よりも広く立つ
- 左手で、右手の手首を握る
- 左手で、右手の手首を握って30秒ほどかけて、右側体側を伸ばす

●右側の体側を弓なりにしならせ、首、肩、脇、腰、ふとももの筋肉を伸ばしていく

この時に、肋骨一本一本の間隔を空けるようにイメージするとよいでしょう。この「弓なり体側ストレッチ」をすると、肺を囲む、胸の周りの筋肉が一気に伸びていきます。

それまで、どれだけ縮こまっていたかを実感できるはず。

終わったら、5回ほど大きな深呼吸をします。

たっぷりと新鮮な空気を吸い込み、細胞に溜まっていた二酸化炭素を追い出しましょう。

私は、読書や原稿を書く前のルーティンとしてこのストレッチをやるようにしています。

理由は、2つ。一つは、たっぷり酸素を吸うことで、よしこれから気合をいれてやるぞ、というスイッチを入れるため。もう一つは、このストレッチをするこ

とで、「仕事中も呼吸を大切にしよう」と、意識することができるのです。すると、集中した状態でも呼吸を継続して意識してするようになり、結果、パフォーマンスが高まるのです。

1時間ごとに、屈伸ストレッチと合わせて、この「弓なり体側ストレッチ」を行います。

酸素は脳の生命線です。

ぜひ、フレッシュな酸素をたっぷりと脳に届けられるよう、「弓なりストレッチ」を習慣にしてみてください。

本番力を上げる姿勢

長時間の勉強や本番で実力を発揮するためには、姿勢と呼吸法も欠かせません。姿勢はよほど意識しないとすぐに崩れてしまいます。

なぜ姿勢が重要なのでしょうか。

猫背というのは、そもそも身体に余分な負荷をかけている行為です。頭の重さは体重の約10％。体重が50kgだと5kg。ほぼ、ボーリングと同じぐらいの重さです。それを、子どもの細い首で支えているのですから、負担は相当なものです。しかも、この重さは、首の角度が変わるだけで肩、背中にかかる筋肉への負担が大きく変わります。目線をちょっと下に下げて、首の角度が15度傾くと負荷は約2倍、30度傾くと負荷は約3倍にもなってしまうのです。

頭部が背骨に乗っからず前にきているということは、首、肩に負担がかかり、子どもでも、肩こりを引き起こしてしまいます。肩こりとは、血流が悪くなっていることで起こるため、当然、脳の血流も悪くなるでしょう。
では、体に負担を書けず、脳への血流を維持するために、どのような姿勢を心がければよいのでしょうか。

まず、「1つ上の層の空気」を吸うことを意識します。

座っていても、立っていても、通常よりも1つ上の層の綺麗な空気を吸うイメージです。これを意識すると、自然と頭、背中、腰にかけての配列が一直線になります。これを「骨格アラインメント」を整えると言います。

次に、腹筋や背中の筋力でキュッと体を固定し、「腹筋のコルセット」をするイメージです。するときれいな姿勢を保つこ

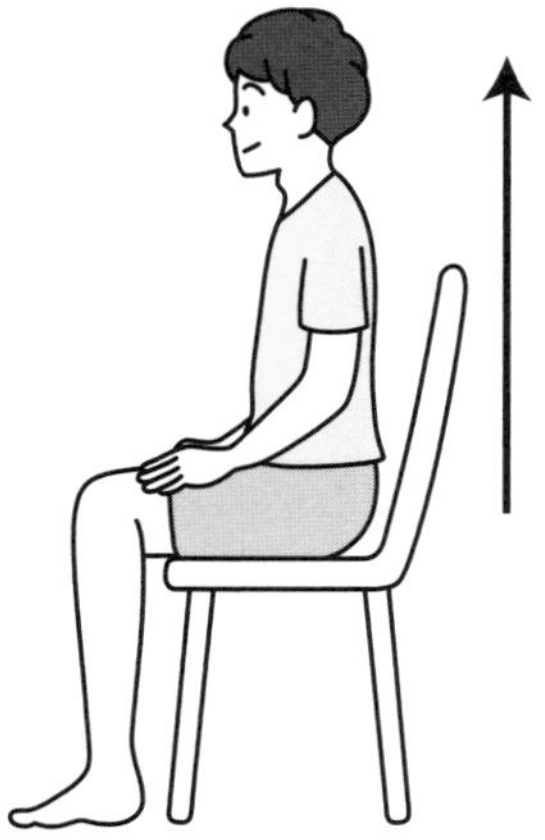
両坐骨に均等に体重を乗せて座り、
脊柱を長くするイメージで
※坐骨＝椅子に座ったときにおしりの下にくる骨
足の裏を床につける

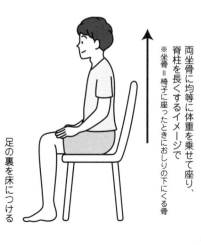

とができます。

肺や内臓に負荷がかからなくなるので、血液やリンパの巡りがよくなり、肩こりや腰痛も少なくなります。

姿勢をよくすると頭の位置が高くなってくるので、気持ちも自然と前向きになります。

体調とメンタル面にも好影響を与え、一石二鳥なのです。

本番力を上げる呼吸法

呼吸をコントロールすると心の状態をコントロールできることは、聞いたことがあるのではないでしょうか。

呼吸は自律神経と密接に関係しているのです。

私達は山や海など自然が豊かな場所や、安心できる家の中などリラックスした状態にいると、ゆっくり、深い呼吸ができるようになります。

一方、緊張した状態が長く続くと、横隔膜がせり上がったままになります。すると、呼吸が浅くなったり、呼吸が一時的に止まったりします。浅い呼吸が続くと、体と心が緊張してしまいます。この状態が好ましくないのは、血液循環が悪くなり、脳の血流が悪くなってしまうからです。

そこで、**意図的に深い呼吸を行うことで、脳と体の過度な緊張状態を取ることができるようになります。**

深い呼吸のコツは2つ。

（1）鼻から、細く長く吸い　（2）口から、細く長く吐くこと

鼻から吸うことで肺に深く入りやすくなり、横隔膜を下げることが出来ます。また、口から履くときは、ストローから少しずつ吐くイメージです。ゆっくりと吐くことで、副交感神経が優位になり緊張がゆるみます。

この呼吸法は、勉強に疲れて体も頭も固まってきたと感じたときや、試験会場で気持ちを落ち着かせたいときなど、大変役立ちます。

40年のキャリアを持ち、校長も務めた元ベテラン教師は、高校受験に望む生徒たちが、受験の本番でたとえ緊張しても落ち着きを取り戻せるよう、学校の中間テストや期末テストのときからこの呼吸法をさせていたと言われていました。勉強だけでなく、本番で実力を発揮できることもサポートしてくれる先生に出会えた生徒は幸せですね。

ぜひ、お子さんが家で勉強する際は、受験本番を想定して「本番力を上げる呼吸法」を勉強を始める前に1分間だけするよう習慣にしてみてください。

きっと、慣れない試験会場で、大人数に囲まれて行う受験本番でも、きっとあなたのお子さんを緊張から守ってくれるはずです。

おわりに

「思ったよりも共感するところが多かった。やってみようかな」

「理解はできるけど、これは理想論。まずは勉強でしょう」

「この本をきっかけに、家族で生活リズムを整えてみよう」

「我が家は共働きなんだから、こんな生活はできないよ」

「やってみよう」というアクセルをかける声と、「でも、無理」というブレーキをかける声。両方の声が聞こえてくるかもしれません。今まで、どちらの声に従ってきたでしょうか。今日からは、どちらの声に従っていくのでしょうか。

子どもたちの未来には、受験だけではなく、今後も乗り越えなくてはならないさまざまなハードルがやってきます。とはいえ、巨大なハードルの一つは、間違いなく、受験です。**人生の節目として志望校に合格して自信をつけさせるためにも、「本番力」という武器を身につけて受験させたいものです。**

受験は、思いのほかフィジカル（体）とメンタル（心）の健康状態に支えられている側面があります。ところが、書店の受験対策コーナーに足を運ぶと、そこに並んでいるのは、過去問などの問題集ばかり。今まで、**受験勉強のための「健康習慣」**という視点では、あまり考えてこなかったのが日本の受験です。

執筆にあたり、オンライン授業を通じて、多くの受験生に会いました。子どもたちの話を聞いていると、「眠れない、太ってきた、首が痛い、目が痛い、肩こりが……」まるで、メタボサラリーマンのようです。健康を後回しにしても働くことをよしとしてきた私たち世代の弊害が、そのまま投影されていました。

私は、子どもたちの心と体を犠牲にしながら気合と根性で切り抜ける受験システムを終わりにしたい。これからは、高く安定した健康力をベースに子どもたちが試験で本番力を発揮できる受験文化を作りたいと思っています。

健康力を形作るのは、食事、睡眠、運動という3つの要素。

主体はもちろん子どもたちです。

しかし、生活習慣を形成する上では、親が関われる要素が大きいことにも気づいたのではないでしょうか。

一方で、「1ページ目からいきなり、すべて実践する」というのはオススメしません。実行・継続ができて望む結果を得るには、いったん立ち止まり「情報を整理」してから実践すること。

ロードマップとして次の、4つのステップを踏むと効果的です。

Step1　夫婦で本書を読む

Step2　夫婦で「健康力をあげるためにできること」をテーマに話し合う

Step3　やることを1つ決める

Step4　実行する

このプロセスを飛ばしてしまうと、お母さん（お父さん）が孤軍奮闘することになりかねません。また、一気にいろいろやろうとすると、負担も多くなり長続きしないのです。「たった1つでいいの？」と思われたかもしれません。今では知らない人はいない中居正広さんは、「一歩目がないと、二歩目はないと思っています」という信条を胸に、活動での幅を広げたといいます。いろいろ知っているけど何も行動しない人よりも、信頼できる家族と納得して、小さな一歩を踏み出すことが、結局の所、大きな成果につながるのです。

本書は、その小さな一歩を踏み出した家族の皆様のご協力でできました。いま書き終えて最後に思うのは、ピラミッドは四層だったということです。

なぜなら、健康力をあげるためには、家族全員で取り組む必要があり、それには、家族の信頼関係、つまり「家族力」が必要だからです。

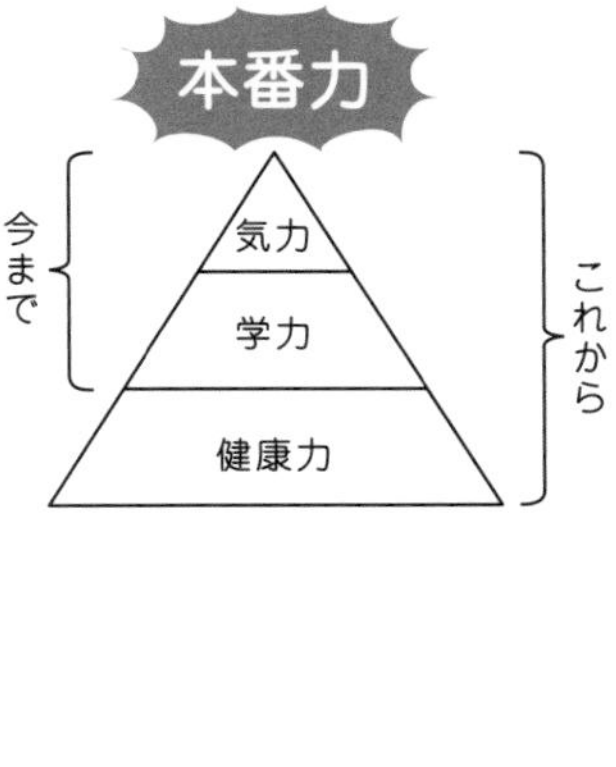

「おかげさまで、第1志望の学校に合格しました！」

私は勉強そのものを教えるわけではありませんが、その土台となる健康習慣をサポートすることで、こんな言葉を聞けるのは大きな喜びです。

本書がその一助になれば、これほど嬉しいことはありません。

令和3年11月1日

秋風の中、全国の受験生が2月の勝者になれることを祈りつつ

福岡のオフィスにて

水野雅浩

謝辞

本書を執筆するにあたって受験を経験した、また、受験を控えたお父さま・お母さまに取材を重ねていく中で分かったことがあります。

それは、私が企業や教育機関で提唱しているエビデンスに基づいた「パフォーマンスを上げる健康マネジメント」は、既に多くの家庭で実践されている生活習慣そのもの、ということでした。ただ、この「家庭の知恵」をどのように整理すれば、より多くのご家庭に届くのかの試行錯誤に時間を要してしまいました。

ここに至るまでに、全国の親御様、学校のベテラン教師の皆様、受験生を多く受け持つ全国の塾指導者の皆様、また、本書の内容をより実用的にするため取材や原稿チェックに協力してくださった医療関係者やヘルスケア専門家の皆様に並々ならぬ手助けをいただきました。ここに謝辞を述べさせてください。

親としての経験を惜しみなくシェアしてくれた全国のお父さま、お母さま。その経験の中には、親子の喜ばしい経験もあれば、後悔されていることもありました。「私と同じ過ちを繰り返さないように」「これから受験を迎える親御さんのために」と、惜しみなく実体験を教えてくださいました。

中でも、高校時代の友人の太田なおみさん、宇都順子さん、中学時代の友人の清水賢太郎さん、大学時代からの友人の芦田直之さん、前職の先輩の檜垣洋平さん、講師仲間の選ぶ片づけ研究所所長・藤原友子さん、スピーチコンサルタント・重信香織さん、株式会社リソースフル代表・中田明子さん、色彩講師・工藤真紀さん、NLPコーチ・大谷かおるさんには並々ならぬご協力をいただきました。皆様の子育ての経験から本書が生まれました。ありがとうございました。紙幅の関係で全てを記載することができませんでしたが、皆様からご教授いただいた生活習慣のノウハウは、別の機会でも発信していきたいと思います。

全面的に協力をいただいた、全国の学習塾の先生方、オンラインセミナーやアンケートのご協力、さらには、ご多忙の中、取材と相談に乗ってくださりありがとうございました。中でも、指導生徒数延べ6万5000人以上、保護者面談7000件以上の経験から惜しみない協力をいただいた『頭がよくなる朝15分学習法』の著者・ふくもとさわこ先生、高校時代からの友人で中学校教師の上澤亮一先生。受験を前にした、現代の子どもたちが抱える課題と今後の対策へのアドバイスを元に本書の方針が定まりました。

ヘルスケアの専門的見地からサポートをしてくださった、『目を5秒閉じれば自律神経は整う！』『目をよくしたいなら、すぼらがちょうどいい』の著者でありアイケア・予防医学の専門家・大原ちか眼科の大原ちか先生、ヘルスケアの専門家Health Brainの継田治生さん、受験生たちを運動習慣の面から支え続ける筋活トレーナーの星野光一先生、小学生からの友人で医療従事者の山田信智さん、専門的なご指導をありがとうございました。

高校時代からの友人で海外に勤務しながらも二人の子どもを育てる親としての立場と、文書作成のプロとして何度も推敲に付き合ってくれた高嶋清史さん、本当にありがとうございました。受験勉強ならずとも、伴走してくれる人がいるというのは、こんなにも心強いものかと実感しました。

本書のプロモーションの一環としてホワイトボードアニメーション、イラスト、動画作成などでお世話になった、イラストプレゼン研究所の河尻光晴さん、夏木まなさん、惜しみないノウハウ提供をありがとうございました。お二人のおかげで今までにない取り組みにチャレンジすることができました。

この本を形にする機会をくださった学事出版の皆様、特に、担当編集者の町田春菜様がこれからの教育を変えるのは学校現場だけではなく、家庭の生活習慣も不可欠という方向性に共感をいただき、新しい分野へのチャレンジをしてくださいました。

最後に、本書は家族の支えがあって完成した本です。私がこうして健康で仕事に打ち込めているのも両親が学生時代に食事・睡眠・運動という生活習慣を整えてくれたおかげです。そして、執筆にあたって一番相談に乗ってくれたのは父でした。本書を通じて、小骨のようにずっと心に引っかかっていた「高校3年生の夏の暴言」を約30年の月日を経て、ようやく謝ることができました。あの時は本当にごめんなさい。そして、執筆に協力してくれて本当にありがとう。コロナ禍の状況が落ち着き、一緒につけ麺を食べに行けるのを楽しみにしています。

そして、何より、読者の皆様、本当にありがとうございました。

水野雅浩 Masahiro Mizuno

「健康マネジメントスクール」代表。

受験に勝つ健康習慣アドバイザー、予防医学の専門家。

著書『グローバルで勝つ！ 30代の太らない疲れない7つの習慣』はAmazon総合1位。大手企業・行政・大学で、ビジネスパーソンの「パフォーマンスを上げる健康マネジメント」をテーマに延べ6,000人に研修を行う。進学塾では受験生・保護者を対象に「受験に勝つ！成績アップの健康習慣」をテーマにオンラインセミナーを開催。1,300名の受講者から満足度97.5%と好評を得ている。

〔著書〕『「稼げる男」と「稼げない男」の健康マネジメント』（明日香出版社）
『「太らない」「疲れない」21の習慣』（飛鳥新社）
『「太らない」「疲れない」7つの習慣』（ヘルシーライフマネジメント出版）
『最強のサプリメント戦略』（アイデア出版）
『睡眠力』（アイデア出版）

〔問い合わせ先〕健康マネジメントスクール
水野雅浩
https://healthylife-management.com/
healthylifepj@gmail.com

親子でつくる健康習慣
「本番力」で受験に勝つ

2021年12月18日 初版第1刷 発行

著者 水野雅浩
発行人 花岡萬之
発行所 学事出版株式会社
〒101-0021
東京都千代田区外神田2-2-3
電話 03-3255-5471
https://www.gakuji.co.jp/

編集担当 町田春菜
イラスト・カバーデザイン 松永えりか
組版・印刷・製本 精文堂印刷

ISBN978-4-7619-2754-7 C3037
Printed in Japan